살면서 포기하는 게 늘어가더라도
'나'다운 모습만은 잃지 않기를 바랍니다.

'그래도 나답게'

소중한 _____ 에게

《 일러두기 》

저자 고유의 글맛을 살리기 위해 표기와 어법은 저자의 방식을 따랐으며,

개인정보 보호를 위해 등장하는 인물은 신분이 드러나지 않도록
화자와 사연을 각색하였습니다.

그래도
나답게

김유은 산문집

작가의 말

서울의 한 대학교에 강연하러 갔을 때 질문을 받았습니다.
"어떻게 살아야 잘 사는 삶일까요?"
인간관계, 취업, 일상의 고민 같은 문제들에는 바로 대답이 나왔었는데, 그 질문을 받고서는 쉽게 답이 나오지 않았습니다. 잠깐의 망설임 끝에, 저는 훗날 뒤돌아보았을 때 덜 후회가 되는 삶이 잘 살아가는 삶인 것 같다고 대답했습니다. 집에 돌아와서도, 다음날 원고를 집필하면서도 그 질문에 대한 답변이 부족했던 것 같아 몇 주를 혼자 고민했습니다. 생각의 흐름과 동시에 계절이 바뀔 때 즈음에서야 어느 정도 만족스러운 답이 나왔습니다.
'나답게 사는 것'

너무 당연한 말일지 모르지만, 가장 어려운 한 가지입니다. 아름답다가도 아득해지고, 어렵다가도 문득 다정해지는 이 세상에서 꼭 해야 하는 한 가지가 있다면 가장 나다운 모습을 찾아내는 일일 것입니다. 시간이 지나고 나서 아쉬움이 존재하지 않을 수 없다는 걸 압니다. 다만, 최선을 다해 나답게 산다면 후회의 양은 줄어들 것 같습니다. 쉽지만은 않은 세상에서 당신은 지금도 그리고 나중에도 덜 후회하고 많이 행복했으면 좋겠습니다. 언제나 당신답게 살아가길 응원하겠습니다. 늘 마음속 어딘가에 기억해주셨으면 좋겠습니다. '그래도 나답게'

김유은 올림

차 례

작가의 말 | 4

1장

당신이 오늘 더 행복해지길 바라면서.

당신은 지금 어느 계절을 보내고 있나요 | 13

속도보다 중요한 것은 당신의 행복이니까 | 16

보고 싶다는 말 대신에 | 21

초조함을 위로하는 방법 | 25

그렇게, 마음에 꽃밭이 생겼다. | 30

삶에도 쉼표가 필요해 | 32

언젠가, 어디선가, 혹여라도. | 36

하나뿐인 진통제 | 37

"그럴 때는 조금 쉬어요." | 42

행복의 준비물 | 49

흐르는 물처럼 | 51

언제나 사랑할 나의 강아지에게 | 55

당신의 자산 | 60

일상에 그늘이 지지 않게 | 63

1 × 1 = 1 | 67

아무리 사소한 것이어도 상관없어 | 71

엄마의 행복 | 76

아마, 평생을 그리워 하겠지. | 78

2장

그래도 잘 지내고 있는지 궁금합니다.

당신이 조금 더 안녕하길 | 87

모든 일에 시간이 필요하듯 | 89

이유 없는 응원 | 90

조금 시간이 걸려도 좋아 | 94

걸어가는 모든 길에서 | 97

맑은 날이 어울리는 당신에게 | 99

고민의 과정이 흔적으로 남을 때 | 101

덧칠해진 시간 | 103

아무것도 하기 싫은 날이면 | 108

'그래, 그럴 수도 있지 뭐.' | 111

상상속의 불안함은 허구일 뿐이야 | 113

마음의 잔량 | 118

신경 쓰지 않는 연습 | 119

어차피 지나갈 힘듦이기에 | 123

당신의 오늘이 궁금합니다. | 127

괜찮은 삶, 괜찮은 사람. | 128

보통의 하루 | 136

오늘을 살아내고 내일을 이겨낼 | 138

특별함 | 143

언제나 행복할 수 있을까 | 146

조용한 위로를, 차분한 마음을. | 147

다음 발자국 | 150

용기 몇 조각, 생각 몇 스푼. | 154

처음 살아보는 삶이기에 | 157

불면증 | 159

조금 유연하고 단호한 삶 | 162

3장

관계를 단단하게 만드는 일이 여전히 어렵다.

좋은 사람만 만날 수 없다면 | 169

기대지도, 기대하지도 말 것. | 174

쉽게 상처받는 마음을 가졌다면 | 175

인연에게 | 179

소중했던 인연이었음을 | 182

친밀해질 수 없는 사이 | 186

말에 다치지 않도록 | 189

선택하면 편한 것들에 대하여 | 193

슬프지만 괜찮아질 일 | 199

부부의 세계 | 200

나의 일상에 물들어 줘서 고마워 | 206

언어의 모양 | 209

행복해야 마땅한 사람 | 212

결이 맞지 않는 사람 | 216

고마운 내 친구에게 | 222

그러려니 하면서 산다 | 225

또 다른 인간관계 | 228

연연하며 살지 않아도 돼 | 232

늦어버린 말, 늦어버린 마음. | 235

꽃이 지는 게 아쉬운 까닭은 | 240

다정한 무관심 | 242

그저 흘러가는 대로 | 246

당신이 잘 지내면, 나도 잘 지냅니다. | 252

4장

그래도, 나답게.

'나'를 바꾸는 실수 | 257

아쉬움은 묻어두고서 | 262

희미해진 자신에게 | 264

내 다음 걸음에 대한 믿음 | 268

내 안의 우주 | 274

더 나은 사람이 되기 위해 | 278

너무 많은 타인을 의식하지 않게 | 282

느렸지만, 그래서 더 단단하게. | 284

자존감을 지켜주려면 | 288

문득 나를 잃어가고 있을 때 | 294

삶의 절취선 | 299

나를 바라보는 연습 | 305

아빠를 닮아있네 | 310

하염없는 응원 | 314

내가 나를 잃지 않도록 | 318

자신만의 몫 | 320

순풍 | 323

행복 찾아내기 | 325

'나' | 327

느리지만, 끝까지. | 328

그래도 나답게 | 333

그래도
나답게

1장

-

당신이
오늘 더
행복해지길 바라면서.

1장

-

당신이
오늘 더
행복해지길 바라면서.

당신은 지금 어느 계절을 보내고 있나요.

∽

 피어나는 것을 보는 것보다 저무는 것을 보는 게 더 좋다. 바람에 흩날리며 저무는 벚꽃, 해가 저물어 가는 하늘, 빨갛게 물든 채로 떨어지는 단풍잎 같은 것들에게 더 정감이 간다. 화려한 시작보다 찬란한 마무리가 더 어려운 법이다. 그 어려운 일을 담대하게 해내는 것들을 보며 그렇게 살아보고 싶다고 생각했다.

 나는 그다지 부지런한 성격은 아니다. 내 삶의 중요도 순으로 우선순위를 정한 후 최상위 몇 가지에 집중하고, 나머지는 포기하는 스타일이다. 손이 썩 빠른 편도 아니라서 일을 마무리 짓는 속도가 느린 편이다. 그 탓에 나는 제시간에 화려하게 꽃을 피워낸 꽃나무가 된 적도 없고, 제때 맞춰서 어여쁘게 물든 단풍나무가 되지도 못했다. 남들보다 늦게 피는 벚꽃나무였고, 겨울이 거의 다 올 때 즈음에야 나뭇잎 색을 급히 붉게 물들이는 그런 단풍나무였다.

그래도 멈추지는 않았다. 수시로 변화하는 계절 속에서 열심히 살아내었고, 조금은 느리더라도 내가 할 수 있는 선에서 최선을 다해 내 몫을 했다. 그렇게 지내다 보니, 제법 꽤 단단한 나무가 되어있었다. 울창한 나무까지는 아니더라도 여름이면 어느 정도의 그늘을 만들 수 있는 나무의 모습이 되었다는 걸 느꼈다. 앞으로의 시간들을 조금 더 담대하게 겪어내노라면, 언젠가는 나도 큰 나무가 될 수 있지 않을까 하는 희망을 품는다.

각자의 성장 속도가 있다. 나처럼 느리지만 꾸준한 사람도 있을 것이고, 나와는 반대로 빠르고 효율적으로 나아가는 사람도 있을 것이다. 저마다의 스타일로 봄을 맞이하고, 여름을 보내고, 가을을 지나서, 겨울을 지낸다.

당신은 지금 어느 계절을 보내고 있을지 궁금하다. 따뜻한 봄볕 아래인지, 뜨거운 여름의 한 가운데인지, 선선한 가을의 문턱인지, 차가운 겨울바람 속인지 모르겠다. 어떤 계절이라 하더라도, 그것 또한 당신의 나무가 찬란하게 성장하기 위한 과정이라고 생각한다. 쓸모없는 시간은 없다. 당신이 보내고 있는 일상은 매일 조금씩 더 나은 사람으로 만들어주고 있다. 바람에 쉽게 흔들리지 않을 만큼 단단하고, 아주 뜨거운 햇살에 말라비틀어지지 않을 만큼 강인한 사람이 바로 당신이다. 찬란하도록 푸르른 나무가 될 당신이다.

속도보다
중요한 것은
당신의 행복이니까

얼마 전부터 기타를 배우고 있다. 어렸을 때 엄마의 기타연주를 들었고, 연애 때 남편의 기타연주를 종종 봤었지만, 배워보겠다고 생각해본 적은 없었다. 마냥 멋있다고만 생각하고 딱히 관심은 없었다. 그러다 문득, 내 취미를 만들어야겠다고 생각했을 때 가장 먼저 떠오른 것이 기타였다. 하루 중 밥 먹고 잠자는 시간 이외에는 온통 글자에 둘러싸여 사는 삶은 나를 행복하게 하면서도 가끔 우울하게 만들기도 했다. 일상의 작은 전환점이 필요했다.

남편은 피아노 연주도 수준급이고, 기타 연주도 정말 잘한다. 음악은 취미로만 했다고 하는데 그 실력이 훌륭해서, 그에게 기타를 배우면 금방 익힐 수 있을 것 같았다. 코드를 잡는 운지법부터 간단한 곡을 연주하는 것까지 남편이 옆에서 도와주기로 했고, 그렇게 나의 새로운 취미가 시작되었다.

기타에 대해서 아무것도 모르는 나를 대신해 남편은 며칠간 고심해서 기타를 골라줬다. 내가 불러 달라는 노래를 말하면 별로 어렵지 않게 기타를 치며 노래하던 그의 모습을 봐왔기 때문에, 기타가 그렇게까지 어렵지 않을 거라고 생각했었다. 그 생각이 틀렸다는 것을 알게 되기까지는 기타를 잡고 불과 5분이 걸리지 않았다. 운동과는 거리가 먼 나는 당연히 손가락도 유연하지 않았고, 악력도 약했다. 코드에 맞게 손가락을 열심히 움직여가며 운지를 해도, 이상한 소리가 나기 일쑤였다. 닿지 않아야 할 줄에 손이 닿아있거나, 눌러야 하는 줄은 헐겁게 누르고 있었다. 손끝이 빨개질 때까지 연습했지만, 제대로 소리 내는 것에 성공한 코드는 고작 2개였다.

코드들의 운지법이 전부가 아니었다. 또 다른 문제가 생겼다. 운지를 하고 있는 왼쪽 손끝이 너무 아파졌다. 손끝에 무언가 살짝 스치기만 해도 아플 정도였다. 손이 왜 이렇게 아프냐며, 내가 맞게 하는 것인지 남편에게 물어보자, 그는 내 손끝을 주물러주며 말했다.

"원래 모든 것의 시작은 다 아픈 것 같아. 기타 연주도 자주 연습하다 보면 손끝에 굳은살이 생기고, 조금만 지나면 덜 아플 거야."

 나는 내 성격이 전혀 급하지 않다고 생각하는데, 이상하게 뭔가를 배우는 상황에서는 급해졌다. 학생 때 공부하던 것처럼 빨리 진도가 나갔으면 좋겠고, 능숙해지길 바라는 마음에 더욱 조급함만 커져갔다. 초보자들도 몇 개의 코드만으로 금방 칠 수 있다는 '너에게 난 나에게 넌'이라는 곡을 가장 먼저 배웠다. 옆에서 알려주는 남편처럼 나도 연주하고 싶은 마음에 급히 치다가 실수만 잦아졌다.

 착실하게 매일 일정 시간을 기타에 할애했다. 남편이 전에 했던 말처럼 내 왼손에는 굳은살이 금방 생겼다. 좀처럼 내 뜻대로 실력이 늘지 않아서 기타에 흥미가 떨어지기 일보 직전이었다. 언제나 내 연습을 지켜보던 남편은 나에게 천천히 해도 된다며 당부했다.

"익히는 속도가 빠르지 않아도 돼. 즐거워지자고 하는 건데 그걸 또 하나의 일로 만들어 버리지는 마. 잘 하지 않아도 돼. 네가 행복해야지."

나에게 조금은 무리라는 것을 알면서도 목표를 정해두고 나 자신을 몰아치고 있었다. 아마 무엇이든 정해진 시간 내에 마감하는 생활 습관과 이왕이면 잘해야 한다는 마음속 어딘가에서 나온 욕심 때문이었을 것이다.

욕심부리지 않고 내가 즐거울 만큼만 천천히 기타 연습을 하면서 지내고 있다. 박자감이 부족해서 늘 내 발목을 잡았던 16비트도 이제는 수월하게 연주하고, 노래를 흥얼거리면서 악보를 보지 않고 연주할 수 있는 곡도 여러 곡이 되었다. 기타를 치는 동안은 아무 생각도 들지 않아서 그 시간이 참 좋다. 새로움을 익혀나가는 소소하고 포근한 성취감이 주는 행복을 느끼며 지내고 있다.

서두른다고 잘 될 일은 없고, 욕심부린다고 욕심만큼 이뤄지는 일도 없다. '천천히'가 만들어내는 신중한 정확함과 '즐거움'이 주는 효율적인 능률이 더 나은 결과를 가져올 것이다. 스스로를 몰아치듯이 조급해하지 않았으면 좋겠다. 중요한 것은 속도가 아니라 당신의 행복이니까.

보고 싶다는 말 대신에

엄마는 한식보다 양식 요리나 베이킹을 더 잘하신다. 그 덕분에 나는 이국적인 음식을 집에서 자주 맛볼 수 있었고, 김치보다는 파스타를 좋아하는 입맛을 가질 수 있었다. 엄마가 해준 음식도 좋았지만, 내가 가장 좋아하는 것은 그녀가 만들어주는 빵이었다. 어렸을 때부터 엄마가 오븐에 종종 빵을 구워주셨다. 요즘에 나오는 빵 만들기 믹스 같은 게 아니라, 밀가루와 달걀로 처음부터 만드는 엄마만의 빵을 참 좋아한다.

웬만한 빵은 집에서 먹어볼 수 있었다. 커다란 오븐에서 나오는 갓 구운 빵을 먹는 게 꼬마였던 나에게 큰 행복이었다. 엄마가 만들지 못하는 빵이나 쿠키는 없었다. 아빠랑 동생, 내가 먹고 싶은 게 있다고 말하면 다음 날 뚝딱 만들어주셨었다. 아빠는 꽈배기를 좋아하셨고, 동생은 달콤한 쿠키를 좋아하고, 나는 카스텔라을 좋아했었다.

 그런 엄마의 모습을 보고 자라서 베이킹에 로망이 있었다. 성인이 되고 가장 먼저 문화센터에 가서 제빵 수업을 등록했었다. 시작은 호기로웠지만 몇 달간의 수업을 듣다 보니, 앞으로는 빵을 사 먹기만 하겠다고 다짐했었다. 모든 요리가 정성이고 힘들다고는 하지만, 찌개나 전골 같은 요리를 하는 것과는 조금 다른 방향의 정성이 필요한 게 빵을 만드는 과정이었다. 웬만한 요리는 제법 만들 줄 아는데, 빵을 만드는 것은 너무 어려웠다. 정확한 계량, 정밀한 손재주, 기다림이 필요한 작업이라 실패할 수밖에 없었다. 계량을 정확히 했다 하더라도 모양 잡는 것도 어려웠고, 크림화를 성공시키는 온도와 시간을 맞추는 것은 몇 번을 연습해도 좀처럼 감이 잡히지 않았다. 단팥빵을 할 때면, 빵 안에 들어갈 팥소까지 직접 만들었던 엄마는 내가 잠깐 배웠던 것보다 더 많은 정성을 쏟았을 것이었다.

자취를 시작하고 내 집에 김치가 있어 본 적이 없다. 김치 냄새가 냉장고에서 나는 것도 싫어하고, 라면을 먹을 때나 밥을 먹을 때도 거의 김치를 먹지 않는 식성이 주는 편리함이었다. 그런 나의 냉장고에 항상 자리 잡고 있었던 것은 식빵이나 치아바타, 통밀빵 같은 빵이었다. 나에게 빵이라는 존재가 가져다주는 기억이 따뜻하기 때문이었다. 미음이 지칠 때면 자연스레 찾는 음식이 나에게는 갓 구워낸 빵이었다.

 지금도 엄마는 내가 집에 가면 카스텔라를 구워주신다. 달달하고 포근한 엄마가 만든 빵에 우유를 곁들여 먹노라면 그동안의 힘든 일들이 사르르 녹는 기분이 든다. 엄마에게 나도 베이킹을 몇 번 도전했었다가 매번 실패했다고 말했다. 그러자 엄마는 나를 보고 귀엽다는 듯이 웃으며 빵 만드는 건 배우지 말라고 그랬다.
 "우리 딸이 먹고 싶으면 엄마가 언제든지 해줄게. 빵 핑계 대고 내 딸 얼굴 한 번이라도 더 보고 싶으니까. 빵은 네가 만들지 마. 엄마가 다 해줄게."

아직 엄마에게 나는, 서른이 넘었어도 여전히 어린아이이다. 집에 가면 손 다친다고 부엌에서 칼도 못 들게 하고, 불 위험하다고 음식을 볶거나 만드는 것도 만류하신다. 그 덕분에 엄마에게는 내 나이를 벗어나 마음껏 어리광을 부리게 된다.

엄마는 지금도 집에서 빵을 구우시는데, 내가 좋아하는 것을 만들면 메시지를 보낸다. '우리 딸이 좋아하는 스콘 구웠어. 보고 싶어 내 강아지.' 나도 엄마가 만들어주는 빵이 먹고 싶다고 이야기한다. 그녀가 아주 많이 보고 싶다는 말 대신에.

초조함을 위로하는 방법

∞

 5년 전 봄이었다. 멀리 떨어져 지내는 탓에 자주 만나지 못한 친구와 커다란 딸기밭에 간 적이 있었다. 나는 도시에서 자랐고 성인이 되어서도 서울에 올라와서 쭉 생활한 탓에, 농사에 대해서는 아무것도 모르는 사람이었다. 그런 나에게 내가 가장 좋아하는 딸기가 어떻게 자라나는지 보여주고 싶었다는 친구의 계획을 듣고, 설레는 마음으로 함께했다. 나에게는 몸만 오라고 해놓고, 이른 아침부터 도시락을 만들어 온 그녀였다. 조수석에 앉은 내 입에 샌드위치를 물렸다. 그녀가 보기에 병에 걸린 나무처럼 점점 힘이 빠져가는 내가 조금 생생해졌으면 좋겠다는 말을 덧붙이며, 내 손에 쥐여준 샌드위치를 다 먹으라는 당부가 이어졌다.

그녀의 차로 2시간 가까이 달린 곳에 아주 넓은 밭이 있었다. 조금 더 세세하게 말하자면 아주 큰 비닐하우스가 연달아 있는 곳이었다. 커다란 벌판에 있는 비닐하우스 중에서 몇 개의 동은 딸기 수확 체험을 위해 개방된 곳이었다. 주인이 준 바구니에 딸기를 수확해오면 집에 가져갈 수 있도록 포장해준다고 그랬다. 바구니에 딸기가 가득 찰 때까지 아무런 생각 없이 딸기를 수확하는 일에만 집중하면서 시간을 보냈었다.

그 당시 나는 머릿속이 너무 복잡했었다. 앞으로 어떤 계획을 세워서 살아가야 하는지, 내가 할 수 있는 일은 어떤 것인지, 미래에 대한 걱정들과 현실에 대한 문제들로 생각이 시끄러운 날들의 연속이었다. 언제나 머릿속 한쪽이 불안함으로 물들게 만드는 생각 때문에 일상에 집중할 수 없었다. 그런 내가 달콤한 향기가 가득한 딸기 비닐하우스에서는 정말 아무런 불안함이나 걱정도 떠오르지 않았다. 그저 잘 익은 딸기를 찾고, 딸기가 다치지 않게 줄기 부분을 잡아 수확했다. 지금이라는 시간을 있는 그대로 보낼 수 있었다.

한 바구니 가득 딸기를 담아 집으로 돌아가는 길에 그녀는 나에게 어떠한 조언이나 응원도 하지 않았다. 이제야 생기가 돌아서 다행이라는 말을 할 뿐이었다. 나는 그녀에게 고맙다는 마음을 전했고, 그녀는 고마울 게 뭐가 있냐면서 내년에 딸기 철이 되면 또 오자고 약속했다.

일주일 후 그녀는 자신이 수확한 딸기로 잼을 만들어 보내주었다. 혼자 먹기가 아까워서 유리병에 곱게 포장된 딸기잼을 부모님 댁에 갖고 갔을 때, 엄마 아빠는 사뭇 놀란 표정이었다. 친구의 정성이 담긴 건데 어떻게 그냥 먹냐는 아빠의 말에 따라 우리 집 식탁에 올려놓고 기념사진을 찍어 놓았었다. 엄마는 잼에 어울리는 빵을 만들겠다며 식빵을 구워주셨고, 그날 우리 가족은 달콤한 딸기잼 덕분에 달콤한 하루를 보낼 수 있었다.

그녀가 만들어준 딸기잼을 먹을 때마다 마음이 괜스레 몽글몽글하게 행복이 쌓이는 기분이 들었다. 내 곁에서 언제나 다정한 마음을 기꺼이 내어주는 존재가 있다는 사실만으로도 흔들림이 잦았던 내 삶이 조금은 안정되는 것 같았다. 조금은 예민해진 나에게 필요한 사람은 나와 비슷하게 같이 초조해하는 사람이 아니라, 무던하고 편안한 사람이라는 걸 새삼 느꼈다. 늘 차분했던 내 친구가 아마 나에게 주고 싶었던 것은 어차피 잘 될 거라는 용기였을 것이다.

그녀는 오랜 시간 목표했던 회사에 취업해서 승진도 하고 멋진 커리어우먼이 되었고, 나는 그토록 하고 싶었던 작가가 되어 살아가고 있다. 지금의 나란 사람이 있기까지 오직 나 혼자만의 노력으로 이루어진 것은 없다고 생각한다. 약하디약한 묘목 같은 내가, 말라 흩어지지 않고 살아낸 것은 햇살 한 줌, 시원한 물 한 잔 가져다주는 사랑하는 사람들이 있었던 덕분이었다. 다정한 기억들을 차곡차곡 만들어주는 벗들 덕분에 나는 아주 많이 행복한 사람이 되어있다.

딱딱하고 초조한 일상에서 말랑한 마음 한 줌을 나도 당신에게 선물해주고 싶다. 달콤해서 근심까지 녹일 수 있는 딸기잼 같은 응원을 건넨다. 너무 빠르게 많은 것들이 변해가고, 그 변화의 흐름 속에서 중심을 잡아내기가 힘들 것이다. 한 발, 한 발 얼마나 신중하게 내딛는 당신이라는 것을 안다. 굳이 하지 않아도 될 생각들 때문에 지금을 얼룩지게 만들지 않았으면 좋겠다. 무엇보다 분명한 사실은 당신만의 방향으로 나아가고 있다는 것이다. 어려운 게 인생이라 하더라도, 그 어려움을 이겨내고 있는 근사한 당신의 오늘을 응원하고 있겠다. 당신이 오늘 더 행복해지길 바라면서.

그렇게, 마음에 꽃밭이 생겼다.

3

아빠는 나에게 살아가다가 마음에 구멍이 나면, 그 안에 꽃씨를 넣어놓으라고 그랬다. 뻥 뚫린 구멍을 미움으로 채워 넣었다가, 온통 텁텁한 색으로 물들지 않게 그저 예쁜 꽃씨 하나를 넣어놓으면 된다며 웃었다.

용서라는 것은 절대 쉬운 일이 아니라서, 살다 보면 평생을 가도 용서하지 못할 일이 있다. 잠을 자려다가 불쑥 떠오르기도 하고, 평범한 일상에서 갑자기 생각나기도 하는 억울한 기억은 있는 법이다. 그럴 때면 서둘러 용서하려고 하지 말고, 기다림의 시간을 갖는다. 자연스럽게 나쁜 기억이 덤덤해질 때까지 지금의 삶에 충실하려고 노력한다.

마음에 구멍이 날 때마다 꽃씨를 심었고, 시간을 가졌다. 미워할 시간에 내 마음을 돌봤고, 용서되지 않는 누군가의 잘못을 연연할 시간에 내 할 일에 집중했다. 시간이 흐르고, 미움이 흐려지고, 나 또한 조금 더 단단해져 있을 때 알았다. 마음에 꽃밭이 생겼다는 것을. 누군가를 원망하지 않아도 되고, 지나가 버린 일에 대해서 그럴 수 있겠다며 용서 비슷한 것을 할 줄 알게 되었다. 그렇게, 마음에 꽃밭이 생겼다.

마음에 꽃밭이 생겼다.

그렇게.

삶에도 쉼표가 필요해

∞

 전에 내가 가장 하고 싶었던 일은 글을 쓰는 일이었는데, 지금은 실컷 하고 있으니 언젠가부터 하루하루가 쳇바퀴 같았다. 놀러 다니는 걸 좋아하지도 않고, 사람들을 만나는 것을 즐기는 편도 아니고, 무언가 새롭게 해봐야겠다고 생각해본 것도 없었다.

 마음이 말라가고 있음이 느껴졌다. 예전의 나는 궁금했던 것도 많았고, 하고 싶은 것도 많았던 것 같다. 반대로 지금의 나는 시시한 사람이 된 것 같다는 내 고민을 남편에게 말했다. 사는 것이라는 행위에만 몰두하느라 현실적인 문제에만 치중하는 내가 싫다고 하소연했다. 그러자 남편은 싫을 필요까지는 없는 것 아니냐며 나를 달래주었다. 우리 부부는 결혼하고 지금까지 열심히 일만 하면서 살아왔었다. 코로나로 인해 신혼여행을 다녀오지도 못했고, 둘이서 근교로 가벼운 여행을 떠나본 적도 없었다. 집을 마련하면서 빚이 생겼었다. 빚이 생긴다는 것은 우리 둘에게 꽤 큰 스트레스였고, 그것을 빨리 청산하기 위해 조금 무리하면서까지 일을 했던 것이 사실이었다. 하고 싶은 것도 다 미뤄놓고 갖고 싶은 게 생겨도 일단 모른 척 넘어가기에 급급했다. 빚을 다 갚고 나서야 우리 둘을 위한 무언가를 사기 시작했었다. 그런 우리에게 하나의 전환이 필요한 시기였다. 늦은 신혼여행을 가기로 했다.

출간 일정과 강연 일정을 고려해 여행 기간은 2박 3일로 정했다. 짧은 기간이었지만 꽤 무거웠던 마음을 가볍게 만들기에는 충분했다. 강릉 바닷가 바로 앞에 위치한 숙소에서 온종일 바닷가를 눈에 담았다. 여행이라는 것은 꽤 신기한 것이었다. 몇 개월간 가슴이 답답할 만큼 오직 일만 했던 우리는 그제야 마음 한편에 생겨난 여유를 느낄 수 있었다.

나와 남편의 첫 여행이자 신혼여행이었다. 여행의 가장 큰 매력은 오롯이 나를 위한 소비였다. 시간도, 돈도 전부 오직 우리만 생각하면서 사용했다. 방 안에서 일출을 보러 일찍 일어났다가 침대 위에서 뜨는 해를 보고, 다시 이불 안으로 들어가 잠들었다. 조금 늦잠을 자기로 했고, 일어나 근처에 있는 칼국수 집을 들렀다. 돌아오는 길에 바다를 다시 보고, 커피를 한잔 사서 도란도란 이야기를 했다. 업무적인 연락도 개인적인 연락도 모두 받지 않으며 둘의 시간에만 집중했다. 평소보다 게을렀고 씀씀이도 커졌지만 괜찮았다. 여행이니까.

가는 곳마다 사진을 찍었고, 발길이 닿는 곳에서 머물고 싶으면 머물렀고, 쉬고 싶으면 쉬었다. 굳이 계획을 세우지도 않았고 맛집을 찾아가지 않았다. 매일 계획하고 정해진 시간에 맞춰 생활하는 삶에서 완전히 벗어난 순간이 무척이나 행복했다. 남편과 손잡고 바닷가를 거닐며 새삼 우리가 부부라는 것이 느껴졌다. 정신없이 살다가 이렇게 여행을 와서 숨을 고르고, 다시 또 바삐 살다 보면 어느덧 우리도 노부부가 되어있을 것 같았다. 바쁜 삶에서 숨 쉴 구멍 하나가 생긴 것 같았다. 언제든지 꺼내 볼 추억이 하나 더 늘었으니 그걸로 충분했다.

왜 사람들이 여행을 다니는지 알았다. 집이 주는 안정적인 행복함도 좋지만, 낯선 장소에서의 자유로움이 선사하는 즐거움도 마음을 편안하게 만들어주었다. 더욱 집중해서 열심히 일하다가, 주기적으로 시간을 만들어서 여행을 다니기로 했다. 우리 둘이 행복할 수 있도록 최선을 다하는 삶에 대해서 더 고민하며 살아가고 있다. 삶에 작은 쉼표들을 더 자주 만들 수 있는 여유를 갖기를 바라며.

언젠가, 어디선가, 혹여라도.

∞

　가끔은 확실함을 내포하지 않은 단어들에 한 번쯤 희망을 걸어보게 된다. 언젠가, 어디선가, 혹여라도. 아직 도달하지 않은 시간에 희망을 조금 섞어놓는다. 언젠가의 나는 지금의 나보다 조금 더 용감하고 씩씩하길. 어디선가 별거 아닌 일에 상처받았다 하더라도 크게 마음 쓰지 않고 편하게 넘기는 지혜가 커져 있길. 혹여라도 지난 시간이 아쉽더라도 다시 지금을 바라보는 담대함이 성장했길.

하나뿐인 진통제

∽

 정해지지 않은 순간에 느닷없이 이명이 찾아온다. 주위 소리와는 상관없이 '삐-'거리는 소리를 가만히 듣는다. 예전에는 소리가 들리면 귀를 쳐보기도 하고, 소리가 나는 쪽 귀의 머리 부분을 꾹 누르고 있기도 해봤었다. 경험이 쌓이면서 내가 무얼 하더라도 증상이 사라지는 것에 그다지 효과가 없다는 걸 알고, 이제는 조용히 앉아서 이명이 사라지길 기다린다. 때때로 참지 못할 정도의 두통이 찾아오면 조용히 진통제를 찾아 삼킨다. 아프다며 끙끙댄다고 달라질 것도 없고, 약을 먹지 않고 버텨낸다고 해서 머리가 맑아지는 게 아니라는 걸 안다. 하나둘 내가 직접 느낀 사실은 어떤 일이 생기더라도 소란스럽지 않게 가만히 기다리거나, 내 할 일을 하면 된다는 것이었다.

전에 나와 나이 차이가 많이 나는 사촌 언니가 이런 말을 했었다. 화도 체력이 있으니까 화내는 것이고, 아프다고 짜증 내는 것도 힘이 남아있으니까 하는 것이라고 그랬다. 웬만한 일은 적당히 넘기거나 그 자리를 피해버리고, 몸이 끊어질 것처럼 아픈 날이면 아프다고 하소연할 여력도 없어서 집에서 꼼짝없이 누워만 있게 된다는 그녀의 말을 기억한다. 아직 그때 그녀가 말한 나이는 되지 않았지만, 이제는 언니가 했던 말이 어떤 뜻이었는지 알게 되었다. 싫으면 싫다고 말하는 것도 귀찮고, 이상한 사람에게 그 행동을 고치라고 내 힘을 쏟는 것도 힘들어서, 아예 부딪치지 않도록 최선을 다할 뿐이다. 보지 않으면 서로 편안한 사람이 있다는 게 유감이라 생각하면서도, 그것만큼 슬프도록 서로 효율적인 게 없다는 걸 절실히 동감할 수밖에 없다.

 이왕이면 입을 다물고, 그다지 감정을 표현하지 않는 것은 정말로 무던해서가 아니라 더 무언가를 표현하고 주장하기도 싫을 만큼 지쳤다는 뜻일 수도 있다. 원래 화가 없거나 별로 감정선의 변동이 없는 사람은 극히 일부이다.

가만히 있는 걸 더 선호하는 사람은 그만큼 시달렸고 지쳤다는 의미이기도 하다. 어른들은 가끔 괜한 일에 힘쓰지 말라고 했었다. 그때는 그 말이 무슨 말인지 잘 몰랐었는데, 이제는 어렴풋이 안다. 신경 써야 할 일이 넘쳐나는 게 살아감이라서 그런 것이다.

고요한 일상의 평화로움을 깨트리지 않기 위해서 소란스러움과 거리를 둔다. 호들갑스럽고 시끄러움보다는 물 흐르듯 잔잔한 평온함의 중요함을 안다. 정해진 시간에 눈을 떠서, 붓기를 빼는 것에 도움이 된다는 차를 한 잔 마시고, 아침 식사는 건너뛴다. 다음 식사 시간이 될 때까지 오전 업무를 처리하고, 원고를 쓴다. 내 삶에만 집중하기 위해 타인의 소음에는 귀를 막아둔다. 주어진 하루 동안 촘촘하게 내 시간을 쓰는 일에 몰두한다. 그게 내 일상을 조금 더 단단하게 지켜줄 수 있는 유일한 방법이었다.

시끄러워질 일을 애초에 만들지 않으려 노력하는 게 요즘 나의 큰 목적이다. 쓸데없는 목소리에 귀를 기울일 여유가 없어졌다. 한 번 감정선이 망가지면 그것을 다시 정상 범주까지 끌고 올라오기까지가 너무 힘들어졌다. 전보다 시간도 많이 들고, 나 자신을 진정시키기에 쓰는 에너지 소모가 너무 커졌다. 예쁘고 연약한 유리잔을 대하듯 나 자신을 대하고 있다. 조심히 그리고 소중히 자신을 대하는 것은 생각보다 어려운 일이다. 그래도 무엇보다 중요한 존재가 나라는 사실을 알기 때문에, 기꺼이 나를 아끼는 수고로움을 선택한다.

언제나 조용했으면 싶다. 너무 시끄러운 노래를 오래 듣고 있으면 원인 모를 두통이 오듯, 남이 만들어낸 시끄러움에 시선을 빼앗기지 않았으면 좋겠다. 행여 의도치 않은 누군가와의 부딪힘이라던가, 예상하지 못했던 소란이 발생한다면 일상의 원상 복귀를 위해 빠른 끝맺음이 필요하다. 심한 통증이 오기 전에 진통제를 복용하듯, 삶에서의 통증이 심해지기 전에 방어막이 되어줄 나만의 진통제가 필요한 법이다.

당신의 하루가 누군가에 의해 좌우되어서는 안 된다. 들리는 소리라고 다 들을 필요가 없고, 보이는 것이라고 다

관심 있게 볼 필요는 없다. 무언가를 선택하고 받아들이는 것은 오롯이 당신만의 권리이다. 상냥한 말과 다정한 일들만 가득하길 바란다. 어디선가 생기는 모난 말과 껄끄러운 일들에 상처받지 않았으면 좋겠다. 당신의 감정을 쓸 가치가 없는 일이라면 굳이 나서서 마음을 진흙탕으로 만들지 않아도 된다. 적당한 침묵과 어느 정도의 무시가 조용한 일상을 지켜줄 것이다. 당신이 함부로 다치지 못하도록.

"나만의 진통제가 필요한 법이다."

"그럴 때는 조금 쉬어요."

3

  감수성이 풍부하다는 말을 많이 들었다. 어렸을 때부터 전시회를 가거나, 책을 읽거나, 영화를 보면 그 감정선에 한동안 빠져있었다. 감수성이 많은 데다가 마음이 여린 편이다. 그 덕에 글을 조금 더 풍성하게 쓸 수 있다는 장점이 있지만, 그 탓에 마음을 단단하게 붙잡고 나아가기가 어렵다는 단점도 있다. 슬럼프가 자주 오고, 그것에서 빠져나오는 데까지 많은 시간과 노력이 필요하다. 사람마다 슬럼프의 형태는 다양할 것이다. 나 같은 경우는 슬럼프가 와도 왔는지를 모르고 계속해서 무언가를 쓰고 일을 한다. 학생 때 슬럼프가 와도 스터디 플래너에 해야 할 공부계획을 잔뜩 써놓고, 일단 그 진도에 맞게 앉아서 문제집을 풀었듯 성인이 된 지금도 그대로다. 평소처럼 계속 일하고 원고 작업하는 것을 멈추지 않는다. 정말로 내가 제대로 하는 것인지 판단할 능력을 상실할 때 슬럼프가 온 것이다.

 책을 집필할 때마다 두꺼운 노트 한 권을 다 쓴다. 시간이 지난 지금도, 아날로그 방식을 더 좋아해서 손으로 초고를 쓰는 편이다. 그 노트에 빽빽하게 이야기를 적어내는 행위를 슬럼프가 왔음에도 멈추지 않는다. 뭐라도 하지 않으면 불안함이 찾아오기 때문이다. 책을 만드는 일에서 가장 중요한 것은 '글'이 있어야 한다. 아무리 예쁜 표지가 있어도, 글이 없으면 예쁜 빈 공책에 불과하게 된다. 책을 만들 때는 내가 쓰는 글이 원료이자, 가장 일차적인 생산 라인이 된다. 출판사를 운영하고, 원고를 쓰고, 다른 작가님의 책을 편집하는 일을 동시에 하면서 그 스트레스가 정점에 달했었다.

 내가 편집자로 일할 때, 작가님들에게 수시로 연락하고, 같이 고민할 문제는 없는지 상의하고, 함께 해결책을 찾아내듯이, 나에게도 그런 존재가 있으면 싶었다. 글의 방향성에 대해서 의논하거나 글이 안 써진다고 푸념하면서 함께 기획할 편집자가 필요하다고 느껴졌다. 기획, 원고작성, 퇴고, 윤문, 교정 교열, 목차 및 내지 구성까지 모든 일을 한다. 내 책뿐만이 아니라 출판사에서 나오는 모든 책들에 관련된 업무를 보느라 나보다 바쁜 남편에게 도와달라고 할 수는 없었다. 누구보다 내 글에 대해서 제일 잘 알고 있는 내가 직접 작업을 해서 좋은 결과물을 가져올 수 있지만, 나에게는 너무 길고 외로운 시간이었다. 나도 조금 수월하게 원고를 쓰고 싶고, 누군가에게 의지하면서 집필 작업을 하고 싶은 어리광이 생겨났다. 나만이 할 수 있고, 응당 내가 해야 하는 일이라 감내하다가도 도무지 원고 작업의 진도가 나가지 않아서, 자주 마음이 엎어졌다.

언제나 감사하는 마음으로 글 쓰는 일을 해야 한다는 것을 절실히 알고 있으면서도, 사람 마음이라는 게 간사했다. 내 힘듦에 더 마음의 무게가 기울여졌다. 여느 날과 마찬가지로 무언가를 계속 쓰고 원고를 집필하고 있었지만, 뭔가 잘못됨을 느꼈다. 알아도 내가 당장 해결할 수 있는 게 아니었다. 그날은 출판사 업무를 위해 인쇄소를 향해야 했다. 새로 인쇄하는 책의 감리는 보는 날이었다. 열심히 하는 것과 즐겁게 하는 것은 완전히 결이 다른 것인데, 그때의 나는 단지 열심히만 할 뿐이었다. 인쇄소에 들어갔고, 표지 감리를 하고, 내지 감리를 위해 잠시 사무실에서 기다리고 있을 때 누군가 인사를 건넸다.

"김유은 작가님? 저..혹시 싸인 부탁드려도 될까요?"

처음 보는 누군가의 목소리에 놀랐지만, 그녀는 자신을 내 책들의 애독자라고 소개했다.

마스크 너머로 느껴지는 고운 여인은 내 첫 책이었던 '모든 사람에게 좋은 사람일 필요는 없어'를 들고 나에게 다가왔다. 스치듯 보아도 책에는 소중한 손때가 묻어 있었다. 애정이 담긴 시선이 여러 차례 닿아야만 나오는 종이의 질감이었다. 책의 곳곳에 밑줄이 그어진 것들을 나에게 보여주었고, 몇몇 구절은 외우고 계시기도 했다. 그녀는 사람 때문에 아주 힘들었던 때에 나의 글을 만났고, 천천히 읽어가면서 꽤 괜찮아졌다는 이야기를 들었다. 마음이 뜨거워졌다. 뜨거움이 목을 타고 올라가 눈이 뜨거워질 것 같았다. 자꾸 울 것 같은 마음을 붙잡고 한 글자씩 정성 들여 사인을 해드렸다.

 처음 만나는 사람에게 웬만하면 말을 거의 하지 않는 편인데, 나는 그날 너무나도 자연스럽게 그녀에게 나의 마음을 털어놓았다. 여전히 글을 너무 사랑하는데, 글이 잘 써지지 않는 것 같다고. 글을 쓰고는 있는데 이 글자들이 독자들에게 닿을 수 있을까 불안하다고. 그녀는 내 손을 꼭 잡아주더니 마음과 마음을 잇는 따뜻함을 내게 건네주었다.

 30대로 보이는 그녀는 본인의 나이가 40대가 훌쩍 넘었다고 그랬다. 그리고는 나에게 말했다.

 "슬럼프예요. 누구나 오는 것이고, 또 누구나 회복하는 거니까 너무 초조해하지 말아요. 그럴 때는 조금 쉬어요. 불안해하지 말고 쉬면 괜찮아질 거예요. 나는 작가님이 오래도록 글을 썼으면 좋겠어요. 슬럼프가 자주 오는 건 문제가 되지 않아요. 그때마다 씩씩하게 일어나면 돼요."

내 손을 꼬옥 잡아준 온기가 따뜻해서였는지, 좋은 글을 써줘서 고맙다며 안아준 그녀의 품이 포근해서였는지는 모르겠다. 거짓말처럼 정말로 괜찮아졌다. 내 마음이 너무 약한 것인지 고민하지 않는다. 다시 용감하게 일어나면 된다는 것을 알았기 때문이다. 넘어짐이 잘못된 것이 아니고, 잠시 멈춰있는 게 나약한 것도 아니다. 모두에게 적당한 쉼은 꼭 필요한 법이다. 오래 걸어가기 위해서는 지친 마음을 위한 휴식을 두려워하면 안 되는 것이었다.

글을 쓰는 작가라는 일 뿐만 아니라 좋은 글을 잘 다듬어 예쁜 책으로 만들어내는 실력 있는 편집자가 되는 과정이라 생각한다. 우리 출판사와 계약한 다른 작가님들의 책을 기획하고, 편집하고, 만들어내면서 편집자로서 더 성장하고 있다. 작가이자 편집자이기에 작가님들의 마음을 깊이 이해할 수 있는 시야가 넓어진 것이다. 글을 쓰면서 힘들었던 점을 누구보다 잘 알고, 작가로서 어떤 마음으로 원고를 보내는지 알기에, 더없이 조심스럽고 소중한 손길로 작가님들의 원고를 대할 수 있다. 온기 있는 글을 쓰는 좋은 작가로 그리고 읽으면 행복해지는 책을 만드는 좋은 편집자가 되고 싶어지는 날들이다.

꿈이 조금씩 더 커지기 위해서는 작은 성장통이 있는 법이다. 그 통증이 아플지라도 그것에 의기소침해져서 포기하지는 않아야 한다. 우리는 분명히 그 꿈을 이뤄내고야 말 테니까.

"누구나 회복하는 거니까 너무 초조해하지 말아요."
"그럴 때는 조금 쉬어요."
"불안해하지 말고 쉬면 괜찮아질 거예요."

행복의
준비물

∽

   세상에는 그냥 놔둬도 자연스럽게 흘러가 버릴 일들이 많다. 껄끄러운 일은 굳이 신경 쓰려고 하지 않고, 시간의 흐름 사이사이에 존재하는 포근함을 놓치지 않으려 한다.

   세상에서 가장 맛있는 남편이 만들어주는 김치볶음밥을 먹는다거나, 내 사진을 찍어주고 싶다며 그가 인터넷을 샅샅이 뒤져 찾아낸 카페의 향기로운 커피라던가, 문득 라디오를 틀었는데 흘러나오는 내가 가장 좋아하는 노래 같은 것들을 차곡차곡 마음에 모아둔다.

하루가 행복해지는 것에는 대단한 무언가가 필요한 게 아니다. 내가 좋아하는 사람과 좋아하는 커피 한 잔, 가사를 보지 않고도 흥얼거릴 수 있는 노래 몇 곡이면 충분하다.

불필요한 것들은 흘러가도록 내버려 두고, 내 삶에 머물러줬으면 싶은 따스함들을 붙잡아 보관한다. 하루마다 찾아낸 작은 행복함들이 모여, 더 크고 안정감 있는 행복함이 되도록.

흐르는 물처럼

3

 몇 년 전 겨울, 막내 이모랑 내 하나뿐인 동생과 셋이서 문경으로 여행을 갔었다. 나에게는 제2의 엄마와도 같은 존재인 막내 이모와 처음으로 떠나는 여행이었다. 한겨울의 문경은 추웠지만, 마음은 따뜻했다. 셋이 손을 꼭 붙잡고 다녀서 그런 것일 수도 있고, 이모가 우리에게 전해주려는 애정이 따뜻해서 일 수도 있다.

 우리를 위해서 며칠간 고민하면서 여행지를 고르고, 식당 하나까지 고심해서 골랐다고 하는 이모와의 여행은 즐겁다는 표현으로는 부족했다. 유명 셰프가 운영한다는 레스토랑에서 밥을 먹고 문경의 관광지들을 둘러보았다.

이모와 우리는 보통의 조카와 이모 사이보다 각별하다. 어릴 적에 나는 이모를 정말로 잘 따랐고, 이모 역시도 나를 딸처럼 사랑해주었다. 내가 태어났을 때 엄마의 산후조리를 도와준 사람이 이모였다고 한다. 태어난 순간부터 이모와 나는 사랑에 빠졌을 것이다. 내 유년기 편지지의 가장 큰 지분을 차지한 사람은 막내 이모였다. 멀리 떨어져 지냈기 때문에 우리는 편지로 서로의 이야기를 주고받았다. 우표를 붙여 우체통에 넣고 며칠이 지나면 우리 집 우편함에 이모의 답장이 오곤 했었다. 그런 이모와 나는 언제나 만나면 할 이야기가 참 많다. 겨울의 풍경을 보여주고 싶었다는 이모와 한참을 거닐었다. 해가 질 때까지 걷고, 구경하고, 카페에 들어가 차를 마시고, 다시 걷고, 이야기하며 하루를 꽉 채워 보냈다.

드라마 촬영지를 가보기도 했고, 명소라고 했던 곳들을 전부 보고 왔다. 그 시간들이 너무 행복했는데, 단순히 풍경이 예쁘다는 이유로 그런 감정이 찾아온 것은 아니었다. 내가 사랑하는 이모와 같은 시간을 보낼 수 있다는 게 가장 큰 행복의 이유였다. 차가운 바람과 제법 따뜻한 겨울의 햇살을 맞으며 나는 이모에게 정말 많은 이야기를 했었다. 엄마에게도, 동생에게도, 그 당시 남자친구인 남편에게도 하지 못하는 이야기들을 마음 놓고 할 수 있는 유일한 존재가 나에게는 막내 이모이다. 세상이 등을 돌린다 하여도 언제나 이모는 내 편이 되어줄 사람이라는 막연하고 커다란 믿음 때문이다.

그때의 나는 작가로서 이제 막 시작하는 단계였고, 나와 나이 차이가 많이 나는 동생은 대학생이 된 시기였다. 그런 우리에게 이모가 주고 싶었던 것은 단순한 기분전환을 위한 여행이 아니었다. 이 세상에서 어른이 되어 살아간다는 사실이 너무나 무섭고 걱정했던 우리를 다독여줄 용기를 주고 싶었던 것이었다. 숙소에서 이모와 동생, 나 이렇게 나란히 누워 여행의 잔향을 느끼고 있을 때 이모가 말했다.

"겨울이어도 하늘은 푸르고, 햇살도 밝고, 심지어 예쁘게 펴있는 꽃도 있는 거 봤지? 우리가 오늘 본 계곡도 기억나? 얼어있는 물 사이로 계속 흐르는 계곡물도 있었잖아. 사람 사는 것도 마찬가지야. 힘든 시기는 있는 법이고, 그때마다 자기 능력껏 헤쳐나가면서 살아나가는 거야. 왜냐하면 결국은 다들 자기가 잘 되는 때가 있다는 걸 믿기 때문이야. 봄은 오잖아. 이모는 너희를 믿어."

이모에게 사랑한다고 말했다. 그냥, 그 말을 듣고 다른 어떤 대답이 떠오르지 않았다. 힘들어하는 게 뻔히 보이는 조카에게 어떤 응원의 말도 부담이 될까 봐 얼마나 고민하면서 이런 시간을 만들었는지 느껴졌다. 꽤 긴 겨울을 지나왔고 이모의 말대로 헤쳐나가면서 지금까지 걸어왔다. 나는 작은 목표들을 하나씩 이뤄나가고 있고, 동생도 또렷해지는 미래를 만들어내고 있다. 아직 걱정도 많고 불안함도 많지만, 그래도 쉬지 않고 흐르는 물처럼 멈춰있지 않는다. 나를 언제나 믿어주는 사랑하는 사람들을 위해서.

언제나 사랑할 나의 강아지에게

∞

영화 리틀 포레스트에 이런 대사가 나온다.

"온기가 있는 생명은 다 의지가 되는 법이야."

극 중 류준열이 김태리에게 강아지 '오구'를 선물해주면서 했던 말이었다. 반려견이나 반려묘 등 작고 귀여운 생명체를 가족으로 함께 지내본 사람은 자주 느끼게 되는 생각이다. 조그마한 몸에서 콩닥콩닥 열심히 뛰는 심장 소리를 듣고 있노라면, 함께 이 시간을 살아가는 동물 가족에 대한 고마움과 애정이 샘솟게 된다.

몸무게 2.9kg의 푸들 크림이는 나와 남편의 소중한 가족이다. 어린 크림이를 만났을 때는 우리가 크림이를 돌봐

주고, 지켜주는 것이라고 생각했었다. 선천적으로 다리가 안 좋았고, 피부도 약한 편이라 신경 써서 돌봐줘야 하는 강아지였다. 겁이 많아서 사람도 무서워하고, 다른 강아지들도 무서워하는 아이를 위해 차근차근 기다려주며 세상과 익숙해지도록 지냈었다. 처음에는 엘리베이터도 잘 타지 못했던 강아지였는데, 이제는 엘리베이터를 타면 알아서 구석으로 가서 조용히 기다리고 있다. 낙엽이 뒹구는 모습만 봐도 무서워서 짖기 바빴던 시절을 지나, 이제는 나와 가만히 벤치에 앉아서 바람을 느끼는 어른스러운 강아지가 되었다. 딱딱한 아스팔트 길이 아닌 숲길을 찾아 산책하고, 영양제를 먹이고, 재활 운동을 시키면서 다리도 튼튼해지고, 강아지들에게 좋다는 약용 샴푸로 정성스럽게 목욕시키면서 피부병도 많이 호전되었다.

3킬로 부근의 강아지는 실제로 보면 정말 작다. 조그마한 몸과 앙증맞은 행동을 보고 있노라면 든든하다는 단어와는 거리가 멀다는 생각을 하게 된다. 앞으로도 그럴 것 같았는데, 그런 작고 귀여운 아이가 언젠가부터는 우리를 위해주려고 노력하고 있다는 게 보였다. 그리고 우리도 작은 아이에게 의지하고 있는 걸 느꼈다. 불면증이 찾아와서 새벽까지 잠을 이루지 못하고 있을 때, 자기 집에서 자던 크림이가 느린 걸음으로 걸어와 내 품속에 안긴다. 크림이를 마주 보려고 돌아누우면, 내 목덜미에 자신의 턱을 올린 채 온기를 나눠주기도 한다. 기분 좋은 따뜻함을 느끼고 있노라면 어느새 나도 모르게 잠들곤 한다. 한 번은 남편이 몸살감기로 누워있었던 적이 있었다. 그런 남편의 모습이 걱정되었는지, 크림이가 그의 곁으로 쪼르르 달려가 남편의 열이 떨어질 때까지 가만히 엎드려 기다려주었다.

아무런 이유 없이 사랑해주는 존재에 대해서 자주 생각한다. 부모님의 희생적인 사랑이라던가, 부부간의 동지애 섞인 사랑의 모습 말고도 존재한다면 아마 동물 가족과 느끼는 사랑의 모습이지 않을까 싶다. 크림이는 우리 부부를 그냥 사랑해준다. 너무 바쁜 엄마이고 아빠인데도 언제나 우리를 기다려주고 이해해준다. 시간을 쪼개서 산책하러 나가고, 틈틈이 놀아준다고 해도 턱없이 부족한 애정일 텐데도 크림이는 마냥 행복하다는 표정만 지어준다.

작고 용맹한 꼬마 강아지 크림이는 이제 할 줄 아는 장기자랑도 늘었고, 제법 알아들을 수 있는 단어의 수도 늘어났다. 내가 원고 작업을 하고 있으면 근처에 놓인 집에 들어가 하염없이 나를 바라보는 눈길이 좋아서, 매일 더 열심히 살아가게 된다. 점점 나이를 먹어가는 강아지에게 내가 해줄 수 있는 것은 한정적이라 언제나 미안한 마음뿐이다.

 나와 남편, 그리고 크림이까지 우리 가족의 만남은 운명이라고 생각한다. 더 서로를 의지하고 아끼면서 크림이와 함께할 수 있는 날까지 최선을 다해 사랑해보려고 한다.

"어느 날의 내가 후회하지 않도록, 잘 해줄게."

그러니,

"시간이 많이 흘러서도 지금까지 해왔던 것처럼

내일이 오지 않을 것처럼 장난치고 웃으면서 살아가자."

"숨 쉬는 것마저 힘이 드는 그날에

나의 숨을 조각내어 너에게 붙일 수만 있다면

기꺼이 그렇게 할 것이니."

언제나 사랑할 나의 강아지에게.

끝.

당신의 자산

∞

 태풍이 휩쓸고 간 자리는 큰 아픔과 서러움을 가져온다. 오랜 시간을 단단히 키웠던 나무가 쓰러지기도 하고, 고운 꽃들이 강한 바람에 휩쓸려 꺾이기도 하고, 이제 막 세상에 나오려고 했던 조그마한 새싹들이 없어지기도 한다. 황망하고 허무한 마음에 이제 무엇을 어떻게 해야 할지 아득해질 수 있다.

 태풍이 지나간 자리에서 가만히 울고 있다고 해서, 저절로 괜찮아지는 것은 없다. 수습할 것은 수습하고, 정리할 것은 정리해야 새로운 시작이 찾아올 수 있다. 정성으로 돌보고, 노력으로 일궈낸 것들이 다치고 말았을 때 한 번 털고 일어날 용기가 필요하다. 다독임의 시간은 꼭 필요한 것이지만, 완전히 주저앉아서는 안 된다. 태풍이 툭 던지고 간 힘듦에 쓰러지지 않았으면 좋겠다. 기꺼이 일어나, 여느 때와 같이 당신의 정원을 다시 정성껏 돌봐야 한다. 쓰러진 나무를 치우고, 살아남은 묘목들을 돌보고, 간신히 꺾여있지 않은 꽃들에게 물을 주며 태풍이 남긴 상처를 보듬다 보면 안다. 이곳저곳에 생긴 생채기들이 희미해진다는 것을.

어느덧 시간이 지나, 당신만의 정원에서 다시 건강해진 꽃과 나무들을 보면서 쓰러지더라도 괜찮아질 수 있다는 것을 경험하게 된다. 나이가 든다는 것은 단순히 시간을 보냈다는 뜻이 아니다. 그만큼 쌓아온 경험이 지혜가 되고, 다시 그 지혜가 삶을 살아낼 힘이 되어준다. 이를테면 예상하지 못한 갑작스러운 태풍에 다치게 됐을 때는 자신을 탓하면 안 된다는 것, 다친 것들을 그대로 뒀다가는 결국 더 큰 상처를 만들게 된다는 것 같은 사실들을 알고서 지혜롭게 대처할 것이다.

안 좋은 경험은 이왕이면 하지 않을수록 좋고, 피할 수 있다면 더없이 좋겠지만, 그렇다고 해서 막연히 두려워하고 좌절할 필요는 없다. 그 모든 시간들이 모여 당신의 자산이 된다. 작은 고난에 쉽게 마음 쓰지 않고, 더 넓은 마음으로 큰 발자국을 내디딜 수 있는 자산이.

일상에
    그늘이 지지 않게

3

  책을 읽는 게 세상에서 가장 즐겁고 편안했던 때가 있었다. 작가가 되기 전이었다. 음악도 틀어놓지 않고 조용한 방에서 혼자 책을 읽는 걸 좋아해서, 늘 내 자취방은 고요했었다. 그랬었는데 언젠가부터 책을 읽는 것 자체를 굉장한 부담으로 받아들이기 시작했었다. 내가 쓴 책이 많은 사랑을 받게 되었고, 전업 작가로 살아가게 되면서 달라진 것이다. 초등학생이 억지로 독후감 숙제를 하기 위해 꾸역꾸역 독서하듯이 책을 읽었다. 여전히 글을 너무나 사랑하고, 글과 삶을 구분 짓는 걸 상상하지 못하는 건 마찬가지인데도 말이다.

글을 쓰는 사람으로서, 출판사의 편집장으로서 독서를 게을리하지는 않았다. 사실 독서가 가진 의미는 취미라기보다는 업무의 연장선에 가까웠다. 즐겁지 않았고, 공부하듯이 글자들을 눈에 넣었다. 나에게 소소한 행복을 주던 존재가 어느 날 갑자기 행복이 아닌 낯선 감정을 불러일으켰다. 그럴 때는 어떻게 해야 하는 것인지 쉽게 대처할 수 없었다. 난생처음 겪어보는 일에 당황하는 게 전부였다.

 책을 읽으면서 그 글의 내용을 편안하게 그대로 읽지 못하는 내 모습을 발견했다. 좋은 문장을 발견하면 왜 나는 이렇게 생각하지 못했는지 반성하고 있었고, 색다르게 편집된 책을 보면 왜 나는 새로운 아이디어를 떠올리지 못했는지 자책하고 있었다. 책을 읽는 시간이 곧 나의 반성 시간이 되어있었다. 과거의 나를 질책하며, 모자람을 찾아내서 책임을 묻고, 꾸짖고, 후회하는 과정의 반복으로 변질된 독서였다. 그저 독자로만 읽으면 마냥 행복할 일을 나의 사회적 신분을 덧대어 바라본 책은 엄청난 무거움을 주고 있었다. 몇 안 되게 나에게 평온함을 선물했던 시간을 불편함으로 만들어버린 것은 나 자신이었다.

 일이 아니라 나만의 시간을 위해 책을 고르고, 편안한 마음으로 글자들을 보려고 노력했다. 마음가짐을 다르게 하려고 노력했다. 업무적인 시선이 아니라, 퇴근한 후의 가벼운 마음가짐으로 책을 집었다. 대부분의 일을 집에서 하는 프리랜서의 특징 때문에, 출근과 퇴근의 경계가 없는 것도 하나의 원인이었다. 일정 시간을 정해놓고 아무것에 방해받지 않는 상태로 책을 읽었다. 하루하루 시간이 지날수록 다시 예전의 기분으로 돌아감을 느낄 수 있었다. 글자들이 만들어놓은 숲에서 마음껏 행복하게 거니는 법을 다시 알게 된 것이었다.

 누가 시킨 것도 아니고, 옆에서 뭐라 하는 사람도 없는데, 나를 괜히 속박하고 괴롭히는 때가 있다. 더 잘해야 한다는 마음과 지난 순간에 더 잘했어야 했다는 후회가 가져오는 그늘은 너무 춥고 외로운 법이다. 자신이 만들어 낸 어둠 때문에 삶이 주는 긍정적인 감정들까지도 놓치는 실수를 하게 된다. 크고 작은 실수에 대해 관대해져도 되고, 꼭 아주 잘해야 한다는 압박에서 벗어나도 된다. 살아감의 모든 시간은 과정이다. 과정은 언제나 상냥할 수는 없고, 반대로 늘 딱딱하지만도 않다. 좋다가도 나쁘고, 나쁘다가도 좋아지는 게 흘러감의 모습이다.

일상에 어두운 그늘이 지지 않게 따뜻한 햇살이 들어올 틈을 열어놨으면 좋겠다. 후회나 책망으로 꽁꽁 닫아버린 창으로는 따뜻한 온기가 들어가지 못한다. 차근차근 당신의 마음이 열린다면, 그 사이로 사랑스러운 햇살이 가득 채워질 것이다.

$1 \times 1 = 1$

♡

 쉬는 날, 우연히 TV채널을 돌리다 예전에 방영했던 예능 프로그램을 우연히 보게 되었다. 유부남인 개그맨 두 명이 하는 대화 장면이 나오고 있었다. 아내가 임신한 후로 자신이 집안일을 도맡아 하고 있다고 말했다. 그 뒤에 이어서 말하는 내용이 불편함을 가져왔다. 자기 엄마가 본인이 집안일 하는 거 알면 싫어할 거라며, 방송에 나가도 될는지 걱정하는 모습이었다. 지금보다 몇 년 전에 방영된 방송이긴 하지만, 저런 사람이 아직도 존재하는구나 싶어서 씁쓸한 마음이었다.

 나에게 결혼을 반대했던 언니들은 모두 맞벌이를 하고, 심지어 살림도 도맡아서 하고 있다. 주로 남편이 하는 일은 담배 피우러 가는 길에 음식물쓰레기나 일반쓰레기를 버려주는 정도가 전부이다. 자기 담배 피우는 게 눈치 보여서 쓰레기를 들고 나가는 속이 뻔히 보이는데도, 생색내는 모습이 얄밉다며 언니들은 종종 흉을 보기도 했었다. 아마, 나도 그런 상황이었다면 내 동생이나 가까운 지인들에게 결혼을 이왕이면 지양하라는 말을 했을지도 모르겠다.

고맙게도 남편은 정말 다정하고 배려심 많은 사람이다. 거기다 집안일에도 능숙한 사람이다. 남편이 나보다 사회적인 통념에 대해 깨어있는 덕분에 오히려 내가 더 많이 배우고 있다. 우리 집은 가장도 둘이고, 주부도 둘이다. 우리 집의 가장을 남편이라고 소개하지 않고 나와 남편이라고 말하는데, 당연히 이게 맞는 표현이다. 사전에서 보면 가장은 두 가지의 의미를 갖고 있다. 하나는 가정을 이끌어나가는 사람, 다른 하나는 남편을 달리 이르는 말이라고 적혀있다. 두 번째의 뜻은 이 시대에서는 조금 변화가 필요한 말이라고 생각한다. 경제적인 일부터 집안 살림까지 모든 일을 같이하는 덕분에 우리는 집안일의 분배 같은 문제로 다툰 적이 없다.

때때로 나에게 편집일에 작가일, 그리고 강연 일정까지 차 있을 때는 재택근무자이지만 집에 큰 신경을 쓸 수가 없다. 고맙게도 남편은 내가 바쁜 시기에는 집안 살림에 신경 쓰지 않고 출판사 편집 업무와 집필 활동에만 집중할 수 있도록 집안일을 도맡아서 한다. 늘 보송하게 잘 마른 수건이 욕실장에 정돈되어 들어있고, 사용하고 싱크대에 올려놓은 그릇이 수납장에 가지런히 놓여있고, 냉장고에 냄새가 나지 않게끔 깔끔하게 정돈되어있고, 물때가 끼지 않은 깨끗한 욕실로 청소되어 있다. 이게 얼마나 고마운 일인지 잘 알고 있다. 반대로 남편이 너무 바쁠 때는 그가 업무에 온전히 신경 쓰도록, 내가 우리 집안의 모든 살림을 책임지고 꾸려나간다. 상황에 맞게 서로를 배려하며 지내는 날들은 언제나 즐겁다.

유부녀의 삶에서 가장 복잡한 소음을 만들어내는 것은 아이러니하게 남편이라고 한다. 아주 옛날의 사고를 그대로 답습했다거나, 잘못됨은 변화하려는 게 아니라 그걸 지키려는 고집을 부리기 때문일 것이다. 내 유부녀 일상에 큰 소음이 없고, 작가로서의 삶에 더 집중할 수 있는 것은 다 남편 덕분이라는 걸 안다. 우리 부부만의 일상을 만들어 나아가고 있다. 남이 살아온 방식이라던가, '남이 이렇게 한다고 하더라.' 같은 말에는 작은 관심도 두지 않는다. 나도 남편도 같이 힘을 합쳐서 둘만의 단단한 벽을 만드는 중이다.

1×1=1이듯, 두 사람이 만나서 만들어진 부부는 하나의 아집으로 끌고 나가는 게 아니다. 부부의 일상은 둘이 함께 삶의 방향과 경중을 조율해나가는 과정이다. 함께하는 날들을 조금 더 견고하고 포근하게 형성하는 것은 변화와 유동성을 자연스럽게 받아들이는 마음일 것이다.

$$1 \times 1 = 1$$

아무리 사소한 것이어도
      상관없어

3

 좋아하는 언니와 원주로 여행을 다녀왔었다. 당일치기로 다녀온 짧은 여행이었지만, 그 시간이 가슴에 오래 남을 만큼 아주 따뜻한 시간이었다. 가보고 싶었던 미술관 근처를 걸으며 언니가 질문을 했다. 요즘 가장 큰 고민거리는 무엇이냐고. 나는 고민이라면 누구나 있는 것이고, 그것을 가지고 생색내는 것은 실례라고 생각한 탓에 남에게 쉽게 꺼내 본 적이 없었다. 혼자서 차곡차곡 잘 쌓아놓는 게 특기인 나에게 고민을 입 밖으로 꺼내는 것은 꽤 생소하고 낯설었다. 이 많은 고민들 중에서 무엇을 말해야 지금 우리의 여행 분위기가 어색해지지 않고, 너무 무거워지지 않으며, 누구나 공감할 수 있는 고민이 무엇일지 생각했다. 내 표정을 읽은 것인지 그녀가 다시 말했다.

"아무리 사소한 것이어도 상관없고, 너무 무거운 내용이어도 괜찮아. 나에게 꼭 말하라는 게 아니라 이렇게 걸으면서 조금 마음을 가볍게 하고 돌아가자. 사람이 해줄 수 없는 일은 신기하게 자연이 해주는 법이야."

막연한 불안감, 시간이 흘러가는 것에 대한 초조함, 무언가를 해내야 한다는 압박감을 쌀쌀한 공기에 풀어내었다. 삶에서 잘못하고 있는 일은 무엇일지에 대한 걱정, 지나온 시간에 대한 미련, 아직 걸어보지 않은 나이에 대한 동경과 두려움을 그녀에게 털어내었다. 그리고 가장 큰 고민이었던 내 작가 인생에 대한 두려움도 말할 수 있었다. 나와 같은 보폭으로 나란히 걸어가던 언니는 가만히 듣다가 나에게 조용한 카페에 가자고 권유했다. 손님이 우리 둘밖에 없었던 그 공간에서 그녀는 자신의 이야기를 들려주었다. 20대의 치열했던 시간, 30대 초입의 불안정함과 안정감의 줄다리기 같은 시간, 그리고 내가 아직 가보지 않은 시간들까지도 말해줬다. 이렇게 살아라, 저렇게 살아라 같은 조언은 없었다. 그저 내 이야기를 들어줬고, 그녀의 발자국들을 보여줬다. 그 이야기들을 듣는 것만으로도 나는 한 뼘 성장하는 기분이 들었다.

대부분의 일이 그렇지만, 특히나 '예술'이라고 불리는 것은 정해진 뚜렷한 답을 찾기란 어려운 일이다. 누군가에게는 좋다는 평을 받고, 또 다른 누군가에게는 별로라는 평을 받게 된다. 대중에게 자신의 작품을 내어놓는다는 것은 그 평가까지도 겸허히 다 받아들이겠다는 뜻이다. 그러면서도 한편으로는 부정적인 평가가 생길까 늘 두려웠고, 그 두려움이 나를 움츠러들게 했고, 움츠러든 나는 더 초조해서 압박감을 가질 수밖에 없었다.

그녀는 담대한 사람이다. 평가에 대해서 위축되지 않고, 그것을 감사한 마음으로 부드럽게 인정할 줄 안다. 부드럽고 힘 있는 문체는 그녀의 성품을 닮아있는 것 같았다. 빨리 언니처럼 나도 마음이 강한 사람이 되고 싶다고 말하자 그녀는 서두르지 말라고 그랬다.

"저절로 되는 거야. 시간이 지나고 나이가 한 살씩 더 쌓이면서 정말 자연스럽게 변화가 와. 연륜 같은 것과는 조금 다른 것 같아. 어느 시기마다 찾아오는 불안함도 다 그대로 인정해줘. 그러다 보면 너만의 시선도 취향도 또렷해질 시기가 오는 법이야."

혼자서 몇 주를 앓았던 고민의 실타래가 몇 시간 만에 완전히 풀린 기분이었다. 좋아하는 사람과 아름다운 자연의 선물 같은 풍경이 만들어낸 완벽한 하루였다. 겨울과 봄의 문턱에서, 우리는 아직 녹지 않은 그늘에 있는 눈을 바라보았다. 언니는 그 눈을 손으로 동그랗게 집더니 사진을 찍고, 뒤를 돌아 한참을 바라보고 있었다. 우리가 걸어온 산책로를 눈으로 담는 것처럼 보였다. 나도 그녀를 따라 겨울의 숲속 향기를 크게 들이 마시고 개운한 숨을 내뱉었다.

쌓아두면 뭐든 병이 된다고 그랬다. 물도 한 곳에 움직이지 않고 오래 고여있다 보면 썩어버리기 일쑤이듯이, 모든 것은 다 흐르게 둬야 한다. 야속하게도 아는 것과 행하는 것이 똑같이 이루어지기는 어려운 일이다. 마음에 담아두거나, 머릿속 기억 상자 한 칸에 넣는 일은 아주 쉬운 일이다. 반대로 늦지 않게 그때마다 훌훌 털어내는 것은 너무 어려운 일이다.

  종종 털어내고 다시 자기의 자리로 돌아오면 된다. 살랑이는 어느 예쁜 하늘에 고민 한 줌을 덜어내고, 포근한 햇살에 딱딱하게 굳은 미련 한 움큼을 빼서 녹이는 시간이 필요하다. 걱정들을 머금지만 말고 바람에 맡기는 법을 알아가며 살아가야 오래 걸어갈 수 있는 법이다.

"아무리 사소한 것이어도 상관없어."
"너무 무거운 내용이어도 괜찮아."

엄마의
행복

엄마라는 이름을 머금기만 해도, 어딘가 가슴이 몽글몽글해지는 까닭은 아마 내가 받은 사랑이 너무 크기 때문일 것이다. 아직도 나를 아가라고 부르고, 행여 다칠까, 혹여 아플까 언제나 걱정하는 엄마의 마음을 알고 있다.

엄마는 정말로 예쁘다. 내 결혼식에 왔던 친구들이 신부보다 예쁜 사람이 우리 엄마라며 놀라워했다. 엄마밖에 안 보였다고 장난칠 정도였다. 사실 우리 엄마는 지금보다 훨씬 더 예뻤었다. 엄마가 내 학교에 와도, 나랑 백화점에 가도, 사람들이 나를 조카라고 생각할 정도로 곱고 또 고왔었다. 그런 엄마도 시간의 흐름에 맞춰 나이가 들고, 우리 뒷바라지 하느라 고생하면서 어느덧 중년의 여인이 되었다.

엄마는 언제나 나와 동생이 먼저였다. 그런 엄마가 이제는 엄마만 생각하면서 살았으면 좋겠다. 엄마의 행복이 나라면 나의 행복은 엄마이니까, 엄마가 아주 많이 행복했으면 싶다.

엄마가 나를 사랑하는 만큼만 엄마 자신을 사랑한다면 좋을 텐데, 엄마는 여전히 나를 제일 사랑하고 있어서 가끔 가슴이 아프다. 내가 엄마를 사랑하는 게 엄마가 주는 사랑에 비해 턱없이 부족한 것 같은 생각이 드는 날이면, 엄마에게 전화를 건다. 살갑게 표현하지 못하고 무뚝뚝하게 식사하셨냐고 묻는 일상적인 대화가 전부지만, 사실은 속으로 내내 말하고 있다.

"엄마, 내가 많이 사랑하고 있어요."

아마,

    평생을 그리워하겠지.

3

  외할머니의 음식을 가장 좋아한다. 그녀는 손도 빠르고, 요리 실력도 수준급이다. 못하는 음식이 없었다. 일반 가정식부터 일반 가정집에서는 보기 어려운 궁중요리까지 다양한 요리들을 만들어서 나에게 맛보여주시곤 했었다. 아주 어릴 적부터 고등학생이 될 때까지 우리 외할머니의 음식을 자주 먹었던 나는 꽤 입맛이 까다로운 사람이 되어있었다.

  대부분 김치에서는 배추 특유의 풋내가 있다. 그게 거슬려서 외할머니 김치만 잘 먹었다. 대부분 집 찬장에 보면 다시다 같은 MSG가 구석에 놓여있다. 외할머니나 엄마는 그런 조미료를 쓰지 않아서 조미료 특유의 맛을 안다. 이제야 모른 척하고 먹지만, 예전의 나는 미원 냄새가 난다고 까탈 부리며 남기기 일쑤였다. 이것저것 따져가며 잘 먹지 않는 까다로운 내 입맛 때문에, 아빠는 집에서 두 시간씩이나 떨어진 맛집을 찾아서 주말이면 외식을 시켜주곤 했었다.

지금은 어떤 음식이라도 다 맛있다고 하면서 잘 먹는다. 싱거우면 싱거운 대로, 비린내가 나면 비린내가 나는 대로, 향이 이상하면 이상한 대로, 식감이 안 좋으면 안 좋은 대로, 굳이 따지지 않고 먹는다. 전에는 모든 음식을 먹어도 늘 비교 대상은 외할머니의 음식이었다. 맛있는 것을 먹어본 입에는 음식의 부족한 점을 찾는 일이 너무나도 쉬웠다. 까탈스럽다고 느껴질 정도로 입에 안 맞는 음식을 굳이 참고 먹으려고 하지 않았다. 언제든 우리 외할머니가 해주는 밥을 먹으면 된다고 생각했기 때문이었다. 성인이 되고 나서, 외할머니댁에 놀러 갈 때마다 조금씩 달라지는 맛이 느껴졌었다. 내색하지 않았지만 내가 알고 있는 외할머니 음식의 맛에서 미세하게 멀어지고 있었다.

외할머니는 여든 중반이 넘어가니 간을 보는 게 어렵다고 말씀하셨다. 그 탓에 음식 맛이 변하는 것 같아서 불안하다고 하는 그녀에게 나는 뭐가 변한지 모르겠다고 말했다. 그때부터 나는 음식의 맛을 따지는데 무딘 사람이 되기로 했다. 외할머니가 해주는 것이면 이제는 뭐든 다 맛있는 음식이었다. 가끔 된장찌개가 짜도, 좋아하는 닭갈비가 싱거워도 그저 맛있었다.

사실 나는 내가 한 요리도 그렇고 어떤 음식을 먹어도 내가 먹고 싶어 하는 외할머니의 맛은 찾을 수가 없다. 가끔 밥을 먹을 때마다 문득 외할머니가 보고 싶어지곤 한다. 내 생일이라고 항상 가득히 차려주신 요리들, 내가 좋아한다고 늘 준비해 주신 숯불 닭갈비, 두부가 많이 들어간 된장국도 전부 다시 먹어보고 싶다.

지금 외할머니의 핸드폰의 배경은 나와 엄마가 나란히 웃고 있는 사진이다. 멀리 사는 탓에 자주 만나지 못하는 자신의 딸과 바쁘다는 이유로 찾아뵙지 못하는 손녀딸이 너무 보고 싶다고 하셨다. 보고 싶을 때 어떻게 할 방도가 없어서 핸드폰 배경을 엄마와 내 사진으로 바꿨다는 그녀의 말에 왈칵 눈물이 쏟아졌다. 병실에 입원하셔서도, 퇴원하셔서도, 한밤중에도, 아침에도, 수시로 사진으로나마 볼 수 있어서 좋다고 말씀하시는 외할머니 품에 안겨서 나는 엉엉 울 수밖에 없었다.

해마다 연간 목표에 운전 연수를 다짐한다. 운전을 배우고 싶은 가장 큰 이유가 우리 외할머니이다. 꽃을 좋아하고, 드라이브를 좋아하시는 소녀 같은 그녀에게 선물 같은 하루를 선사해드리고 싶은 내 소망 때문이다. 학생 때 내가 어른이 되면 단둘이 놀러 가자고 외할머니와 약속한 적이 있었다. 어렸을 때 나랑 외할머니 외할아버지와 같이 갔던 제주도에 둘이 가보자고 새끼 손가락을 고리 걸며 약속했었다. 전에는 경제적인 여유가 없었고, 이제는 시간이 원망스러울 정도로 부족하다. 억지로라도 시간을 만들지 않으면 아마 내가 나중에 아주 후회할 것이라는 걸 알면서도, 현실에 번번이 발목을 붙잡힌다.

이런 부족한 손녀딸을 정말 많이 사랑해주시는 우리 외

할머니에게 이기적인 욕심을 부려본다. 아주, 아주 오래 건강하게 살아주시라고. 지금도 나를 강아지라고 불러주시는 외할머니가 언제까지나 내 곁에 계셔주시면 좋겠다.

사랑한다고 안아주던 그녀의 품도, 키가 커야 한다고 한 컵씩 꼭 챙겨주던 흰 우유도, 골고루 잘 먹어야 한다고 밥 위에 반찬을 올려주던 할머니의 잔소리도 벌써 그리워진다.

"아마, 나는 평생을 그리워할 것이다."

사랑을 알려준 당신에게

나는 아무것도 드리지 못해
황망한 빈손으로
가끔 눈물지을 뿐입니다.
그리움이란 단어를 머금다가
울컥 터져 나오듯 당신의 이름을 불러도
대답이 없는 날이 온다면
나는 어떻게 해야 할까요.

그래도
나답게

2장

-

그래도
잘 지내고 있는지
궁금합니다.

2장

—

그래도
잘 지내고 있는지
궁금합니다.

당신이 조금 더 안녕하길

당신은 잘 지내고 있는지 궁금합니다. 넘어짐에 익숙해졌을지 모르고, 크고 작은 생채기 때문에 따가운 마음을 부둥켜 살고 있을지도 모르겠습니다. 산다는 건 항상 어려운 일이고, 생각처럼 이뤄지는 것은 좀처럼 없다는 걸 잘 알고 있습니다. 그래도 당신이 잘 지내길 바라는 마음입니다.

모든 것을 다 알고, 의연해질 수 있는 나이가 있을까요. 좀 더 나이를 먹고, 흰머리가 검은 머리보다 많아졌을 즈음에는 우리도 초연하고 의연한 사람이 되어 있을까요. 글쎄요. 나는 아마 회색 머리가 되어도, 아니 백발이 되어도 초조함과 불안함은 동반자처럼 자리 잡고 있을 것 같습니다. 주변 사람이 느끼기에 썩 괜찮아 보일 수 있는 방법에 능숙해졌을 뿐이겠지요.

결국, 삶은 혼자 살아가는 것이라는 말이 있습니다. 맞는 말이지요. 언제나 의지할 수 있는 것은 나 자신이고, 해내야 하는 것도 나 자신인 것도 맞습니다. 살아가는 것은 혼자지만, 위안받을 수 있는 것은 함께라고 생각합니다. 혼자서 걷다가 발 이곳저곳에 물집이 잡히고, 상처 난 발 때문에 다음 발자국을 향하기 어려울 때면 이 글을 떠올려주기를 바랍니다. 그저 당신이 조금 더 행복하길, 조금 더 편안하길 바라는 사람이 있다는 사실을 잊지 않았으면 좋겠습니다.

모든 일에 시간이 필요하듯

∞

 원래 흙 안에 자리 잡은 씨앗은 겉으로 보이지 않는 법이다. 노력하며 기다리는 시간이 온기가 되어 씨앗을 보듬고, 기필코 눈부시게 어여쁜 새싹을 틔워낸다. 조금은 쓸쓸하고 힘든 날들이라고 해서 헛된 시간은 결코 아니다. 지금 아무것도 아닌 것 같고, 딱히 무엇을 해낸 것인지 모르겠다고 의기소침할 것 없다. 흙을 뚫고 올라갈 당신의 놀라운 가능성이 자라나는 중이니.

이유 없는 응원

3

 '만약'이라는 단어는 현실에서 일어날 수 없다는 걸 잘 알면서도 미련하게 과거에 연연하던 날이었고, 어떻게 해서든 살아낸다는 걸 알아도 미래가 불안한 순간이었다. 막연한 걱정과 두려움만큼 사람을 움츠러들게 하는 것은 없었다. 과거가 후회되고, 지금이 불안하고, 미래가 암담했다. 사실 그런 순간에는 현실적인 조언이나, 해결책 같은 것은 필요가 없어진다. 아무리 생각해서 말한 조언과 해결책이라 하더라도, 정작 당사자인 나에게는 문제해결의 실마리가 되지 않기 때문이다. 타인의 시선에서 '이렇게 해봐라, 저렇게 해봐라' 간단하게 말할 만큼 쉽게 해결될 문제였다면, 울컥 힘듦이 새어 나오지도 않았을 것이다. 유감스럽게도 사람들은 조언하기를 즐기고, 남의 힘듦을 자신의 위안으로 삼기도 한다는 걸 알고 있었다. 그래서 내 고민을 꺼내지 못한 채 삭히기만 할 뿐이었다.

정말 오랜만에 친구를 만났었다. 코로나 탓에 카페 대신에, 카페보다 더 예쁘게 꾸며놓은 그녀의 집으로 향한 날이었다. 맛있는 원두를 선물 받았다며 예쁜 유리잔에 얼음을 동동 띄운 커피를 내어주는 그녀의 미소가 따뜻해서였을까, 아니면 손수 꾸며놓은 방이 그녀를 닮아 포근해서였을까. 꾹꾹 눌러서 모아놓았던 이야기를 꺼내놓았다. 나이 들어감에 대한 두려움, 내 직업의 미래에 대한 걱정과 다른 선택을 해야 했을지 후회감에 대해 말했다. 그녀는 가만히 듣고 있다가 내 이야기에 고개를 끄덕이며 강한 긍정을 표하기도 했고, 나와 함께 고민해주기도 했다. 그리고는 이런 말을 해주었다.

"지금 이렇게 잘 살아가고 있듯이, 예전에 다른 선택을 했었어도 분명히 잘 살고 있었을 거야. 그리고 중요한 건 지금처럼 앞으로도 어떤 일을 해도 잘할 거야. 내가 장담할 수 있어."

그 말을 듣는 순간 왜 그리도 가슴이 뭉클해지면서, 감동적이고, 슬프기도 했는지 몰랐다. 아무 논리도 근거도 없는 응원이 이다지도 따뜻한 것인지 몰랐었다. 불안을 덮고 뒤척거렸던 나의 수많은 밤들을 다 위로해주는 말이었다. 현실적인 말 백 마디보다, 그 말이 참 따뜻해서 다시 열심히 살아갈 또 하나의 이유가 되어주었다.

살아가다 보면 갑자기 마주하는 후회가 있고, 지겹도록 찾아오는 불안함이 있다. 그것들을 물리칠 수 있는 것은 무조건적인 나에 대한 응원과 지지였다. 삶이란 이런 거야, 앞으로 이렇게 살아봐 같은 조언 같은 것 말고, '그냥 잘 할 거야.' 같은 단순해서 귀여운 응원 말이다.

살아냄이 어렵다고 느껴지는 이유는 누구보다 치열하게 살아간다는 뜻이기도 하다. 그런 감정을 느끼고 있는 당신의 어느 날은 당연히 밝을 것이다. 걱정만큼 당신은 약하지 않고, 기대보다 당신은 더 많은 것을 이뤄낼 것이다.

숨이 차올라서 조금은 버거운 순간이라면, 나는 당신에게 무엇보다 커다란 응원을 보내고 싶다. 구체적인 논리라던가, 인과를 잠시 접어두고 전하고 싶은 말이 있다.

"당신이니까 잘할 것이라고."

조금 시간이 걸려도 좋아

∞

  마음이 복잡하게 엉켜있는 실타래 같다고 생각했다. 혼자가 좋은데 혼자는 외롭고, 사람을 좋아하는 데 사람이 무섭고, 나부터 생각하자고 다짐해도 습관적으로 남을 먼저 신경 쓰는 게 익숙해져 있었다. 딱 하나의 방향으로 마음이 갔으면 싶지만, 내 뜻대로 되지 않았다.

  이러지도 저러지도 못하고 역설적으로 움직이는 마음에 대해서 생각했다. 내가 내 마음이 어떤 것인지 잘 모른다는 게 잘못된 것은 아닌지, 마음이 일정한 방향으로 흘러가는 것이 왜 이렇게 어려운지 고민했다. 머리로 아는 것과 마음이 움직이는 것은 전혀 다른 문제였다. 내가 성숙하지 못해서 그런 것일까. 아니면 삶에 대한 경험이 아직 부족해서 그런 것일까 생각했다. 그러다가 문득 알 것 같았다.

여러 모양으로 변하는 그 자체가 마음일지도 모르겠다. 사람 마음이라는 게 하나로 정한다고 해서 그 방향으로만 가지 않는다. 꼭 물을 닮아있었다. 흐르기도 하고, 끓기도 하고, 얼어서 딱딱해지기도 하고, 어디든 담겨 있다가 금세 빠져나오기도 하는 존재이다.

변덕스러울 정도로 마음이 자주 변하고 그것에 따라서 순식간에 기분이 바뀌기도 하고, 생각의 방향이 틀어지기도 한다. 그게 잘못이 아니다. 잘 변하고 복잡하게 엉키는 성질을 가진 게 마음일 뿐이다.

무조건 한 방향으로 가야 한다고 강요하지 않는다. 차근차근 마음에게 시간을 준다. 실컷 고민해보고, 흔들리기도 해보고, 복잡한 생각들이 실컷 꼬이도록 내버려 둔다. 그리고 기다리다 보면 신기하게도 하나의 틀로 마음의 가닥이 잡히는 것을 느끼게 된다.

조금 긴 시간이 걸려도 결국 마음은 기특하게 우리가 가야 할 길을 찾아낸다. 엉켜있는 목걸이를 가지고 이리저리 풀다 보면 결국 풀리는 것처럼, 아무리 꼬여있는 생각들도 하나의 큰 줄기로 만들어지는 때가 온다.

당신의 마음을 믿고 기다려주면 좋겠다. 곧 선명해질 길을 선택할 때까지.

걸어가는 모든 길에서

이래도 되나 싶을 정도로 평안하기만 한 삶의 순간이 있듯이, 슬픔만 있을 때도 있다. 그것을 알기에 삶이 흔들리더라도 무던하려고 노력한다. 당장 닥쳐온 슬픔에 쉽게 무너지지 않으려 하고, 찾아온 감사한 일에 교만해지지 않으려 한다. 예전 같았으면 울고불고 힘들어했을 일에도 괜찮아질 때까지 조용히 기다릴 줄 알고, 좋은 일에 방방거리며 신났을 일에 소란스럽지 않지만 크게 감사함을 느낄 줄 안다. 최대한 평안함을 놓치지 않으려 노력한다.

이미 벌어진 일은 되돌릴 수 없다는 것을 알기에 과거를 원망하지도 않고, 불필요한 반성을 하지도 않는다. 좋은 일이 생겨도 나라서 잘한 것이라는 건방진 생각으로 불필요한 자신감을 불어넣지도 않는다.

마땅히 기뻐해야 할 일에는 정말 기뻐하고 감사해하며, 조금 힘든 일에는 자책하지 않고 힘듦을 극복하려 한다. 최선을 다해서 기뻐하고, 최선을 다해서 슬픔을 이겨낸다. 내가 걸어가는 길에서 마주하는 모든 일에 쉽게 넘어지고 싶지 않은 마음에, 걸음의 무게를 더 실어 본다.

맑은 날이 어울리는 당신에게

3

 삶에서 아무 일이 없을 때, 큰 파도가 몰아칠 때가 된 것 같다는 괜한 불안감을 느낄 때가 있다. 이렇게 괜찮기만 한 삶을 지내도 되는지 말도 안 되는 걱정이 몰아친다. 이렇게 마음 놓고 지내다가 갑자기 회복하기 어려운 슬픔이 덮칠 것 같아서 무서워지기도 한다.

 지내보면 알게 된다. 불행해지기 위해 사는 것이 아니라는 것을. 지금 아무 일도 없고, 썩 괜찮은 날이 이어지고 있다면 그것은 당신이 그만큼 할 수 있는 모든 노력을 다해 살아내고 있다는 뜻이다. 불안해 할 것 없다.

설령, 어느 날 갑자기 비가 쏟아져 내린다 해도 그것에 좌절하지 않았으면 좋겠다. 이내 지나갈 비구름이다. 안 좋은 기억이 가진 힘이 너무 큰 탓에, 지난 시간의 힘듦을 선명하게 기억하고 있을지 모른다. 그래도 차근히 살펴본다면 당신에게 생각보다 더 많은 좋은 기억들이 곳곳에 남아있을 것이다.

당신은 맑은 날이 어울리는 사람이다. 구름이 가득하다면 곧 다시 해가 비출 것이고, 세찬 바람이 분다면 금방 잠잠해질 것이다. 수줍은 햇살이 비추고 적당한 온기가 감싸는 그런 날이 더 자주 함께할 당신이다.

고민의 과정이 흔적으로 남을 때

∞

 사람은 흔들리지 않고 살 수 없는 것일까. 늘 고민은 생겨나고, 많은 밤을 한숨으로 지새우는 건 어쩔 수 없는, 자연스러운 일인 것 같다. 흔들릴 수 있는 자유로움과 불안함이 만드는 경직이 공존한 채로 우리는 살아간다.

 고민은 생각보다 영양가 있는 퇴적물을 만들어낸다. 그 시절에만 할 수 있는 고민이 있다. 지나고 보면 별일 아니라고 웃을 수 있어도, 지독한 고민의 시간이 아니었다면 헤쳐나올 수 없었을지도 모른다. 쉬이 잠들지 못한 밤과 순간순간에 내쉬었던 한숨들이 쓸모없는 게 아니다.

어떤 위로나 응원도 스며들지 못하는 모난 마음을 다시 곱게 다듬어주는 것은 바로 텁텁한 고민의 시간들이다. 돌아갈 수 없고, 돌아올 수 없는 지금이라는 시간을 복잡한 고민으로 감싸 놓았을 수 있다. 괜찮다. 고민의 과정이 살아감에 있어서 괜찮은 흔적을 만들어 줄 것이다.

 고민하는 자신이 유약하다거나 결단력이 없는 것은 아닌지 생각하지 않았으면 좋겠다. 그저 성장하고 나아지고 있는 것이다. 언젠가 지금보다 더 괜찮은 사람이 되기 위해서.

덧칠해진 시간

∞

　마음의 여유 공간이 유난히 커 보이는 사람들이 있다. 보고 있으면 저 사람에게는 항상 좋은 일만 있을 것 같은 사람. 언제나 긍정적인 기운이 가득해서 함께 있노라면 저절로 나까지 웃음 짓게 하는 사람. 이런 사람들을 만나면 괜히 부러워지는 기분이 든다. 크게 힘든 일을 겪지 않고, 많은 사람들에게 좋은 말만 듣고, 사랑받기만 하면서 살아서 구김살이 생기지 않았을 거라고 생각했었다. 그래서 언제나 긍정적인 사람은 밝은 기억만이 함께할 거라는 추측을 했던 적도 있다.

전에 동생과 함께 살던 오피스텔 건물 안에 카페가 있었다. 워낙 커피를 좋아했기 때문에 그곳은 내가 가장 좋아하는 장소였다. 카페 곳곳에 미술 작품이 걸려 있어서 미술관 같은 분위기가 무척 마음에 들었었다. 카페에 자주 들리다 보니 사장님과 간단한 안부를 묻는 사이에서, 제법 많은 이야기를 나눌 정도로 친한 사이가 되었었다. 긴 생머리를 항상 높게 묶고 있었던 그녀는 카페를 부업으로 하고 있고, 원래의 자신의 직업은 화가라고 소개했다. 카페를 갈 때면 거의 나 혼자 갔었기 때문에 손님이 없을 때 그녀와 많은 이야기를 했었다.

나는 사장님과 깊은 이야기를 하지 않았을 때는 그녀가 태생이 밝은 사람으로 태어나, 살아오면서 굴곡 없는 삶을 살았을 것으로 생각했었다. 보고 있으면 그녀는 봄꽃같이 화사한 모습이라서 나도 모르게 편협한 사고를 했었던 것 같다. 내 예상과는 전혀 다른 그녀의 삶을 들을 수 있었다. 폭력적인 아버지 때문에 부모님은 그녀가 초등학생이 되기 전에 이혼을 결정한다. 양육권과 친권을 포기한 엄마의 의사에 따라 아빠와 둘이 지내게 된 그녀는 매일이 어둠이었다. 엄마의 품이 그리웠을 어린 소녀가 의지할 곳은 8절지 스케치북이 전부였다. 아빠가 퇴근할 때까지 혼자서 그림을 그리며 지냈다. 어느 날의 아빠는 잠잠했고, 또 어느 날의 아빠는 헐크처럼 화를 냈다. '지킬박사와 하이드'라는 책을 읽으며, 어쩌면 그녀는 자신의 아빠도 이런 게 아닐까 생각하며 많이 울어야 했다.

소녀는 자라서 교복을 입은 학생이 되었고, 유일한 친구 같은 존재가 그림이었던 덕분인지 그 재능을 인정받게 된다. 미술 쪽으로 진로를 정하면서 아빠에게 정말 많이 맞아야 했다. 얼굴만 때리지 말라고 빌어야 했던 그녀는 성인이 되자마자 독립한다. 해보지 않은 아르바이트가 없었다. 포기하고 싶은 순간이 하루에도 수십 번이었지만 그녀는 자신의 꿈을 놓치지 않았다. 생각처럼 인생이 쉽게 풀리는 것은 아니었고, 그녀의 그림은 아무에게도 팔리지 않았다. 미술 강사 일과 자신의 그림 작업을 병행하며 생계를 유지해야 했다.

이상하게 연애만 하면 자신의 아빠를 닮은 사람만 만나

게 되었고, 그녀는 결혼은 하지 않겠다고 다짐하지만, 그 다짐이 무색해지는 사랑을 만나게 된다. 자신의 모든 것을 다 끌어 안아줄 것 같고 화를 내지 않는 부드러운 남자였다. 하지만 결혼생활을 시작한 지 얼마 되지 않아 자신의 엄마가 했던 결혼생활을 그대로 물려받았음을 자각한다. 남편은 연애 때와 다르게 결혼한 이후로 손을 자주 올렸고, 그 강도가 점점 세졌다. 나중에는 그 남자의 얼굴에서 자신의 아빠를 발견한다. 그녀는 이혼을 결정한다. 몸 이곳저곳에 만들어진 멍이 위자료와 재산 분할의 이유가 되어주었고, 그 돈이 이 카페로 만들어진 것이었다.

아주 담담하게 자신의 이야기를 풀어나가며 그녀는 별일 아니라는 듯이 웃었다.

"힘들다고 생각하면 끝없이 내가 너무 불쌍해져서, 내가 나를 동정하게 되더라고요. 그래서 그렇게 생각 안 해요. 운이 안 좋았다고 생각해요. 괜찮은 건 아닌데, 그렇다고 슬프지만도 않아요. 힘들었던 만큼 나는 정말 강해졌거든요. 내가 더 잘 자라기 위해 내 주변에 있는 잡초를 뽑는 과정이었다고 생각해요. 자꾸 나한테 괜찮다, 그럴 수 있다고 말해줘요. 그러면 진짜 괜찮아져요."

평생 행복만 했을 것 같은 깊은 웃음을 가진 사람은 어쩌면 깊은 흉터가 마음에 있었던 것일지도 모르겠다. 마냥 좋은 일만 없다고 하더라도, 깊은 흉터에 좋은 생각을 계속 채워 넣다 보면 다시 힘이 나는 법이다. 그렇게 덧칠해진 시간의 색은 결국 무엇보다 밝고 사랑스러운 빛깔로 만들어진다.

연약한 지반 같은 마음이 금방이라도 부스러질 것 같고, 누가 마구 헤쳐놓아 엉망이 되었어도 우리는 다시 단단하고 비옥한 마음으로 만들어 낼 것이다. 상처가 쉽게 망가트릴 수 없는 건강한 마음으로.

아무것도 하기 싫은 날이면

3

 아무것도 하기 싫은 날이 있다. 딱히 이유는 모르겠는데 기분이 저기압인 날이 오면 그저 빨리 이 기분이 지나가길 기다릴 뿐이다. 마음이 천근같이 무거우니 뭐라도 해야 할 것 같아서 스트레칭을 해보기로 했다. 거실에 요가 매트를 펴놓고 반려견과 나란히 앉아 유튜브에서 알려주는 스트레칭 자세들을 따라 해보았다. 맨날 가만히 앉아서 일만 하던 내가 몸을 이리저리 움직이는 게 신기했던 것인지, 흥미로운 표정으로 빤히 쳐다보는 강아지에게 장난도 걸어보며 스트레칭을 했다.

 뭔가를 했다는 것만으로 신기하게 조금 생기가 도는 것

같았다. 움직인 김에 부엌에 가서 와플을 하나 구워 먹고 커피도 내려 먹었다. 뭔가 나를 위해서 피부관리도 해줘야 할 것 같았다. 아껴둔 스크럽 제품을 꺼내 샤워를 하고 나왔다. 개운해진 기분으로 얼굴에 팩을 하나 올려놓고 강아지와 나란히 누워있었다. 사부작사부작 움직이면서 딱딱해진 기분이 말랑말랑하게 풀어지는 게 느껴졌다.

그 후로도 저기압이 찾아올 때면, 아무것도 하기 싫어도 일단 움직여본다. 나를 위해 해줄 수 있는 소소한 일들을 찾아서 시도한다. 마사지 기계를 꺼내 피부관리를 하기도 하고, 헤어팩을 하며 노래를 듣기도 하고, 건강에 좋다는 차를 우려내서 마시기도 한다. 귀찮아서 평소에는 잘 하지 않은 일들을 나에게 선물한다.

나를 위해 열심히 살아가고 있는 것은 맞는데, 정작 나를 위한 시간은 없는 경우가 많다. 바쁘다는 이유로 나 자신을 우선순위에서 마지막에 있도록 만든다. 다음에 시간 생기면 한다는 이유로 하고 싶은 것을 미뤄두기만 하고, 나중에 한다는 핑계로 자신을 챙기는 일을 건너뛴다.

문득 기분이 가라앉았다면 남을 위해 기꺼이 내 시간을 내어주던 것처럼, 자신에게 시간과 애정을 줬으면 좋겠다. 지친 친구에게 맛있는 밥 한 끼를 사주듯이, 사랑하는 연인이 힘들어하면 다정하게 어깨를 주물러 주듯이.

'나'에게 애정어린 응원을 보내주기를.

'그래, 그럴 수도 있지 뭐.'

3

　받아들일 것은 받아들이고 잊을 것은 잊으면서 살아야 마음이 편안함에 닿을 수 있다는 것을 안다. 인정하기 어렵다고 하더라도 인정해야만 하는 건 존재하고, 너무 오래도록 담아놔서 마음에 커다란 흉터가 되지 않게 잊어야 하는 것도 있다.

　나에 대한 사실들을 쉽게 받아들이지 못했고, 필요 없는 것을 잊으려 하지 않았다. 그 당시 나에게 처한 현실을 인정하지 못했던 것일 수도 있다. 꼭 내 생각처럼 선택한 모든 것들이 완벽한 퍼즐이 되어 근사한 그림으로 완성되기만을 바랐었다. 애달프게도 선택한 것들은 짝지어지지 않은 퍼즐이 되기도 했다. 얼기설기 비어 있는 퍼즐이 된 내 삶을 바라보며 좀처럼 인정할 수 없었다. 이렇게 열심히 살고 있는데, 왜 나는 잘 안 되는지. 내가 불운한 사람인 건지 불평하기 바빴다. 결국, 불행해지는 것은 나였다.

내 실수를 인정했고, 잘못된 길로 들었음을 받아들였다. 그래야만 실수를 고칠 수 있었고, 잘못된 길을 돌아 나올 수 있었다. 대단히 큰 잘못이 아니라면 굳이 오래 기억하려고 하지 않았다. 잊을 것은 잊고, 나를 아프게 하는 말들이라면 머리에 남겨두지 않으려 애썼다.

생각의 방향이 조금 달라지면서, 사고와 행동 자체가 유연해졌다. '그래, 그럴 수도 있지 뭐.' 간단한 한 문장이 주는 힘은 꽤 컸다. 다시 할 수 있다면 하면 되는 것이고, 잘못됐다면 고쳐나가면 되는 것이다. 복잡하게 생각하고 자신을 주눅 들게 할 것 없다.

'그래, 그럴 수도 있지 뭐.'

상상 속의 불안함은
허구일 뿐이야

∽

 흰 종이를 한 시간이 다 되도록 쳐다봐야 했던 적이 있다. 아무 글도 생각나지 않은 날이었다. 가만히 종이만 바라보는 것 말고는 할 수 있는 게 없었다. 재택근무자의 장점은 출퇴근이 없다는 것이고, 단점 역시 출퇴근이 없다는 것이다. 글이 써질 때까지 기다렸다가 퇴근이야 새벽 어느 즈음으로 미뤄버리면 그만이었다. 깜빡. 깜빡. 노트북 화면의 한글 프로그램에서 커서가 깜빡거렸다. 빨리 글을 쓰라고 재촉하듯이 깜빡였다. 아무리 서둘러 글을 쓰고 싶어도 어쩔 수 없었다.

종종 있는 일이다. 왜 다른 일을 선택하지 않고 이렇게 사서 고생을 하는 것인지 가끔은 후회하기도 한다. 인턴에서 정규직 심사에 통과됐을 때, 감사합니다 넙죽 인사하고 입사할 것을. 꽤 큰 규모의 학원에서 정규 강사 제의가 들어왔을 때 기회를 주시다니 영광이라며 달려가 근로계약서를 작성할 것을, 내가 거절했었던 기회들이 머릿속을 둥둥 떠다니는 모습을 힘없이 지켜봐야 한다. 좋아하는 일을 직업으로 삼고 살다 보면 대부분의 시간은 행복하다가도 아주 드물게 내가 좋아하는 일이 나를 힘듦으로 몰아넣는 존재가 되기도 한다.

선택에 대해서 책임을 지는 존재가 사람이라고 했다. 내가 책임을 지기 위해 최선을 다하는 건 글을 쓰는 행위이다. 아무도 나에게 글을 쓰라고, 작가가 되어야만 한다고 강요한 사람은 단 한 명도 없었다. 모두가 우려했고, 걱정했고, 왜 힘든 길을 가려고 하냐며 말리는 의견이 대부분이었다. 내가 선택한 길이다. 그래서 나는 이따금 두려워진다.

멀쩡하게 잘 지내다가도 나를 순식간에 무너지게 만드는 생각은 이것이다. '언젠가 글을 쓰는 것 자체를 더는 못하게 되는 날이 오면 어떡하지?'

어느 날은 글이 술술 나오기도 하고, 어떤 날은 정말 단 한 줄도 마음에 들지 않는 글을 폴더에 저장하기도 한다. 아등바등하면서 그래도 매일 써 내려가는 삶은 유지하고 있는데, 그것마저도 하지 못하게 된다면 나는 어떻게 살아야 할까. 걱정이 스멀스멀 머리를 잠식하게 되면 쉽게 잠들 수 없는 밤을 보내게 된다.

나를 놀리기라도 하듯이 생각이 꼬리에 꼬리를 물고 이어지는 것을 힘없이 그대로 지켜보고만 있다. 내가 글을 쓰지 못하게 되면 나는 무슨 일을 해야 하고, 내 존재 의미는 무엇이 될 것이며, 다른 직업을 찾는다고 해도 늦은 나이에 경력이 단절된 나를 강사로 채용해줄 학원이 있을까. 만약 아이도 있는 상황이라면 내가 늦게까지 강의하는 학원 강사로 일을 한다면 어떻게 해야 할까. 한 편의 소설을 쓰듯이 거대한 걱정의 대서사를 완성하고 나면, 몸집을 몇 배로 부풀린 두려움만 덩그러니 남겨져 있다.

그러다 몇 년 전의 내가 그토록 고민했던 것은 무엇이었는지 떠올렸다. 그때의 나는 내가 작가가 되지 못하면 어떡할지, 작가 데뷔를 위해 쓴 시간 때문에 취업 준비를 하기에 늦은 나이가 되어 직업을 갖지 못하고 아르바이트만 해야 하는 인생이 되지 않을까 걱정했었다. 그때도 마찬가지로 고민의 꼬리를 계속 물고 나아가 나를 움츠러들게 만들었다.

막상 지금의 나는 과거의 걱정처럼 되지 않았다. 꾸준히 노력하다 보면 삶은 기회를 주는 법이었고, 그 기회에 손을 뻗을 용기를 낼 수 있었다. 예전의 나를 불면증으로 고생하게 만들었던 고민들이 현실로 이루어진 것은 아무것도 없었다.

아마 지금 내가 하고 있는 걱정들도 마찬가지일 것이다. 글이 인생에서 사라지는 날이 오지 않을 것이고, 설령 글이 떠오르지 않는 날이 오더라도 그것으로 무너져 내리지는 않을 것이다. 단단하게 출판사를 성장시킬 것이고, 글을 사랑하는 마음만 있다면 굳이 두려워할 일이 아니다.

상상 속의 불안함은 허구일 뿐이었다.

　야속하게도 고민은 우리의 불안함을 먹고 자란다. 적당한 고민은 삶을 더 가치 있게 발전하는 데에 긍정적인 영향을 준다고 생각하지만, 과도한 걱정은 삶을 피폐하게 만들고 만다. 과하게 부정적인 상상력은 나를 힘들게 할 뿐이다. 지금 발 붙이고 있는 현실에 충실하고, 지금의 걱정만 신경 쓰면 된다. 아직 가보지도 않은 시간을 가져와서까지 걱정할 필요는 없다. 고민을 미래에서 데려와서 오늘을 어둡게 하지 않았으면 좋겠다. 생각보다 살아갈 만한 게 삶이다. 그리고 당신은 그렇게 연약한 사람이 아니다. 지금의 당신을 믿으면 된다. 걱정이 커지지 않게 현실에 집중하면서.

마음의 잔량

∽

 적힌 글자를 가린다고 해서 사라지는 것이 아니듯, 이미 자리 잡은 마음을 모른 체한다고 해서 사라질 게 아니다. 지운다고 해서 완전히 지워지는 것은 극히 드물 듯, 우리의 마음 또한 마찬가지이다. 아무리 열심히 지우개로 지워 봐도 힘주어 쓴 연필 자국은 종이에 깊게 남아있다. 여전히 남아있는 마음의 잔량은 어쩔 수 없다. 지워지지 않는 흔적을 지우겠다고 계속 비비다 보면 결국 찢어지는 것은 마음일 뿐이다. 그래서 가끔 우리는 마음을 남겨놓는다. 언젠가는 시간이 자연스레 가져가 흐려질 것이라는 믿음으로.

신경 쓰지 않는 연습

∞

 나는 체력이 안 좋은 편이다. 금방 피로를 느끼고, 온도차가 심하면 감기에 걸리기 일쑤고, 조금만 피곤해도 고질병인 허리 통증이 심해지곤 한다. 학생 때부터 중요한 순간을 꼭 코앞에 두고 고열로 응급실에 가기도 하고, 심한 위경련이 와서 병원 신세를 지기도 했었다. 왜 나는 이 모양일까 자책하며 한탄하기도 여러 번이었다. 부모님은 철마다 나에게 보약을 지어주셨고, 유명하다는 곳을 찾아서 여러 운동을 시켜주셨다. 물리 치료사 출신 트레이너분에게 개인PT도 1년 가까이 받았었고, 필라테스 강사에게 개인레슨도 거의 2년 동안 받았고, 요가원도 2년 정도 다녔었다. 노력했는데도 허리는 썩 좋아지지 않았고 몸이 그다지 건강해지지도 못했다.

아이러니하게도 딱히 운동을 배우지도 않고, 한약 같은 것도 먹지 않고, 식단관리를 하는 것도 아닌 요즘 나의 몸 상태가 오히려 좋아졌다. 매년 환절기 때마다 찾아오던 고열을 동반하던 목감기도 찾아오지 않고, 위경련이 오는 횟수도 줄어들었다. 건강한 체력을 갖게 된 것은 아니지만, 이전에 비해서는 굉장히 좋아졌다. 건강관리를 위해서 세심한 노력을 기울일 시간도 없고, 딱히 하는 것도 없는데 컨디션이 나아지는 것을 느낀다.

예전의 나와 다른 점이라면 마음 쓸 일을 과감하게 줄인 채 살아가고 있다는 점이다. 20대에 유난히 자주 아파서 병원을 매주 다녔던 적이 있었는데, 늘 병명은 '신경성' 혹은 '스트레스성'이었다. 그때는 너무 신경 쓸 게 많았다. 남의 평가, 시선, 좋은 사람이라는 타이틀, 착하다는 칭찬 같은 것들을 모두 놓치고 싶지 않았다. 그러니 결국 지치는 것은 나 자신이었다. 정신적으로 예민해진 탓에 자연스레 몸이 아플 수밖에 없었다.

지금의 나는 조금 이기적으로 산다. 남에게 좋다는 칭찬만 듣다가는 내가 더 아파질 게 뻔했다. 내가 할 수 있는 일에만 최선을 다하고, 나의 인생에 충실하려고 노력한다. 마트나 백화점에서 30분만 있어도 피곤해서 정신 못 차리는 체력은 여전하다. 작고 소중한 체력을 아무에게나 쓰지 않고 오직 나에게 쓰고 있다. 대부분의 시간 동안 타인에 대해서 별로 신경 쓰지 않으려 한다. 지인들에 대한 이야기를 거의 모르고 지낸다. 심심하다는 이유로 굳이 사람을 만나려는 것을 지양하고 영양가 있는 시간을 보낸다. 내 정신을 풍요롭게 해주는 작은 노력들 덕분에, 건강해진 정신으로 날마다 지내게 된 것이다.

지하철을 타거나 버스를 탈 때 핸드폰을 만지지 않는다. 반대편 차창이 바뀌는 모습을 멍하니 바라보고 있는 것을 좋아한다. 주의 깊게 보지 않고 스치는 풍경의 흐릿한 모양을 좋아한다는 것이 정확한 표현인 것 같다. 그런 스쳐 지나갈 배경 같은 사람과의 해프닝에 커다란 시선을 줄 필요는 없다. 흐려질 일과 사람에 대해서는 굳이 멈춰서서 최선을 다해 바라보려고 노력하지 않아도 된다. 신경 쓰지 않으면, 어느 순간 내 시야에서 저절로 사라질 것들이다.

나는 당신이 아주 건강했으면 좋겠다. 착한 성품 때문에 사소한 것들에게도 자신의 온 마음을 너무 많이 쓰다가 아프지 않을까 걱정이다. 세상에는 좋은 사람이 많지만, 좋은 사람인 척하는 나쁜 사람들도 제법 많은 편이다. 좋은 사람들 사이에서 좋음을 연기하는 이들에게 속지 않도록, 그런 사람들이 만들어낸 불편하고 복잡한 일에 휘말리지 않도록, 조금은 신경을 끄고 살아도 괜찮다.

마음이 여린 당신은 전보다 눈물이 많아졌을 것이다. 화가 나면 눈물부터 나오고, 터져 나오는 눈물을 추스르다가 해야 할 말도 하지 못하고, 속상한 마음을 그대로 껴안고 돌아와야 했을지도 모른다. 괜찮다. 바보 같은 것도 아니고, 잘못한 것도 아니다. 말랑거리는 마음도 차츰 눈물보다는 싫은 소리 한마디쯤 할 수 있는 단단한 모양으로 자리 잡을 것이다.

차근차근 신경 쓰지 않는 연습을 하면서 살아가길 응원하겠다. 남들보다 조금 더 마음 쓰는 일에 익숙한 당신이 마음을 아껴 쓰기를 바란다. 그 예쁜 마음을 언젠가 오롯이 당신만을 위해 쓸 수 있도록.

어차피 지나갈 힘듦이기에

∞

 2월 중순이 조금 지나 눈이 내렸다. 아마 그 눈이 이번 겨울의 마지막 눈이겠거니 싶었는데, 3월 초입에 눈이 쌓여있었다. 3월이 시작되고, 막 시작되는 봄을 느끼려고 여행을 갔다가 느닷없는 폭설 때문에 도로에서 한동안 갇혀있어야 했다. 세상살이라는 것도 마찬가지인 것 같았다. 예상하는 대로 흘러가 주지는 않는다. 조금 먼 훗날을 함부로 단정할 수 없고, 예측할 수 없는 게 삶이다.

 살아감의 과정에서 과거의 내가 지금의 내 모습을 예상하지 못했고, 혹여라도 예상했다 하더라도 그 상상과는 괴리가 큰 것이 대부분이다. 먹고 살아감의 문제는 더없이 중요한 사항이기 때문에 더더욱 그렇다. 어렸을 때 미래의 나는 어떻게 살아갈 것이라고 바라던 모습을 그저 한때의 꿈으로 남겨둘 때가 더 많다. 예상치 못한 많은 일들을 겪고 넘어지지 않으려 버텨내면서, 살아가는 방향을 찾아낸다.

모든 처음이 그러하듯, 처음으로 경험한 인생의 변곡점 앞에서는 당황할 수밖에 없다. 예상하지 못한 일에 대응하기 위해 새로운 계획을 세우는 것도, 계획을 실행하는 것도 어렵게 느껴진다. 다음을 어떻게 살아가야 하는지 고민하고 당장 삶의 변화를 감당한다는 것 자체가 버거운 일이다. 자꾸 무너질 것처럼 초라해진 마음을 챙기기 힘든 것이 현실이다.

그렇게 모든 게 서툴렀던 처음이 지나고, 두 번째, 세 번째, 셀 수 없이 많은 일들이 스쳐 지나가면서 삶의 돌발 상황에 대해서 조금씩 의연하게 된다. 시간이 흘러가고 경험들이 쌓이면서 예상과 예측, 대비라는 단어가 꼭 다 맞아떨어지지 않는다는 걸 인정한다. 세상을 살아간다는 건 아픈 일에는 아플 만큼 아파야 하고, 넘어졌으면 괜찮은 척이 아니라 앉아서 조금 쉬기도 해야 한다는 걸 알면서 성장한다.

내가 10대일 때 나의 30대를 상상했을 때, 무엇이든지 고민 없이 잘 선택하고, 용감하게 살아가는 내 모습을 상상했었다. 그 당시 지긋지긋했던 대학 입시도 끝이 났을 테고, 취업도 했을 테니, 30대의 나에게는 딱히 힘든 일은 없을 거라고 막연하게 추측했다. 30대인 지금의 나는 여전히 삶이 너무 어렵다. 자꾸 무너지고 외롭고 힘이 든다. 다만 괜찮은 척하느라 위벽이 다 헐어버려 위궤양이 걸릴 정도로 바보 같았던 20대와는 다르다. 눈 한 번 감고, 한숨 몇 번 내쉬고, 눈물이 나면 실컷 울어버린다. 그리고 인정한다. 아, 나에게 또 한 번의 고난이 왔구나. 나이가 든다고 해서 강해질 수 있는 것은 아니어도, 경험들이 모여 조금 더 수월하게 넘어가는 법은 터득하게 되었다.

모든 일은 다 지나간다. 그래서 지금 찾아온 행복이 있다면 최선을 다해 기뻐하고 마음껏 즐기고, 덜컥 다가온 어려움이 있다면 그것이 부디 조금이라도 빨리 지나가게끔 나의 어려움을 받아들인다. 늘 평온할 수는 없어도, 소란스러움이 지나가면 결국 평온함이 찾아오는 법이다. 마음에 천둥 번개가 치고 형용할 수 없는 폭풍이 왔어도 지나가고 나면 잔잔하고 따뜻한 햇볕이 내리쬐게 된다. 그 한 가지가 내일을 살아가게 할 큰 용기가 되어줄 것이다. 어차피 지나갈 힘듦이기에.

어차피 지나갈 힘듦이기에.
어차피 지나갈 힘듦이기에.
어차피 지나갈 힘듦이기에.

당신의 오늘이 궁금합니다.

∞

당신의 오늘이 궁금합니다. 혹여 속상한 일은 없었는지, 평소랑 다르게 몸이 안 좋지는 않았는지, 어디서 억울한 일은 없었는지 걱정되기도 합니다. 자신의 속마음을 남에게 잘 터놓지 않고, 애써 담담하게 혼자서만 참으려고 하는 당신이라는 걸 알기 때문입니다.

어디에서 어떤 하루를 보냈다고 하더라도, 나는 당신이 하루 끝에서만큼은 웃음 지었으면 좋겠습니다. 힘듦이나 슬픔, 서러움 같은 것들은 전부 털어버리고 좋은 감정만 머금었으면 싶습니다. 소중한 당신이니까요. 사랑스러운 당신은 무너지지 말고 계속 행복했으면 좋겠으니까요.

괜찮은 삶,
괜찮은 사람.

∞

 자신을 작가 지망생이라고 소개하는 독자님에게 SNS로 장문의 메시지를 받은 적이 있다. 내 책들을 모두 읽었다며, 나 같은 작가가 되고 싶은 꿈을 꾼다는 이야기가 담겨있었다. 메시지 창으로 보이는 글자들을 하나하나 모두 눈에 담아, 마음으로 옮기며 감사함과 부끄러움으로 머리가 물들었다. '나 같은 작가'가 어떤 사람일까. 커다란 질문 하나가 명치 한 군데에 크게 자리를 잡았다. 가슴이 답답해질 정도로 며칠을 고민했다. 감히 내가 뭐라고 누군가의 꿈이 되어있을까. 꼬리에 꼬리를 무는 질문들 사이에서 나는 나에 대해서 오래 생각했다.

초등학생, 중학생, 고등학생 시절마다 전국에서 알아주는 공모전이나 논술 대회에서 굵직한 상들을 탔었다. 백일장 대회를 나가고 싶어 하는 나를 위해서 주말마다 우리 가족이 살았던 지방에서 서울까지 아빠는 매번 운전해서 바래다주셨다. 그때부터였을까, 나는 글 쓰는 게 재밌었고 행복했다. 중학생 때 한 번은 작은 신문사에서 나를 취재하러 온 적이 있었다. 지방의 한 학생이 전국 대회에서 1등을 했다는 소식을 듣고 찾아왔다는 기자였다. 교장실에서 나를 자랑스럽게 소개하는 교장 선생님과 낯선 기자와 카메라 기자 사이에서 나는 어버버 거리며 인터뷰를 했었다. 그리고 다시 교실로 돌아갔을 때, 담임 선생님에게 글을 쓰는 사람이 되고 싶다는 말이 갑자기 튀어나왔다. 아마 방금 막 끝난 인터뷰 때문에 의기양양해져서 그런 것인지, 아니면 내가 대단한 아이인 듯 잘 포장해서 소개하는 교장 선생님의 과장 때문인지는 모르겠다. 그러자 담임 선생님은 나에게 말했다.

"네가 글을 잘 쓴다는 건 선생님이 더 잘 알아. 그렇지만 유은아, 단지 두각을 보였다는 것 만으로 네 꿈을 정해버리기에는 성적이 아깝잖니. 특히 예술 쪽은 다 잘한다고 손꼽히는 애들만 모이는 곳이라 더욱 힘들 거야. 원래 공부하던 애는 계속 공부하는 게 맞아."

중학교 3학년 당시 나는 공부 머리가 확 트였던 시기였다. 전교 1등을 놓치지 않았으며, 전교 2등과의 점수 격차가 월등했던 때였다. 담임 선생님은 나를 특목고나 자립형 사립고에 입학하는 것을 추천했다. 그녀는 내가 분명 서울대에 수월하게 들어갈 거라며 호언장담했다. 글 쓰는 건 아무나 할 수 있는 일이고, 공부를 잘하는 건 특별한 일이라고 그랬다. 나는 세상에서 나보다 공부 잘하는 아이들이 더 많은 게 당연할 텐데, 글을 잘 쓰는 게 더 특별한 일이 아닌가 하고 말대꾸하고 싶었지만 입을 꾹 다물었다. 다시 모범적이고 순종적인 학생으로 돌아왔다.

그리고 나는 수학이 너무나 어렵고 무서운 고등학교 2학년이 되었다. 작년까지 탄탄하던 성적이 흔들리기 시작했다. 문과를 선택했고, 중학생 때 선생님의 예측과 다르게 나는 입시에서 실패했고, 재수를 선택했고, 입시를 하면서도 문과 중에서 가장 취업이 잘 된다는 과로 진학했다. 그렇게 시간이 흘렀다. 어른이 됐고, 서울에서 대학 생활을 하면서 동기들이 하는 대기업 인턴 활동이며, 공모전을 준비했고, 영어 공인 성적을 취득했다. 교수님과 면담을 하면 취업하기에 좋은 스펙들이 모였다고 칭찬받았다. 아마 그때 방향을 틀지 않고 그대로 살았더라면, 내 동기들이 그러하듯 괜찮은 회사에 들어가서 안정적으로 살고 있을지 모르겠다. 하지만 나는 여자라면 전문직을 가져보는 게 어떻냐는 추천에 수험생활을 시작한다. 그러나 나의 호기로운 도전은 실패를 맞이했다. 그리고 모두가 늦지 않았으니 취업 준비를 해보라고 할 때 그제야 나는 작가 데뷔 준비를 한다.

문예창작학과를 나오지도 않았고, 국문학을 전공하지도 않았다. 자기소개서 이외에 글다운 글을 써본 적도 오래되어서 글 쓰는 머리는 완전히 굳어 있었다. 자취방에서 혼자서 취미 삼아 썼던 글이나 필사했던 공책들 몇 권이 전부였다. 그런데도 내 책을 내고 싶다는 꿈을 위해 너무 늦어버리기 전에 도전하고 싶었다. 작문에 관한 수업을 들으러 지하철을 타고 왕복 2시간이 넘는 시간을 할애했다. 하루에 한 편씩 글을 썼고, 그것을 소셜미디어에 올렸다. 내 소셜미디어의 구독자가 많은 것도 아닐 때, 출판사들로부터 신기하게 연락이 왔다. 책을 출간해보는 것이 어떠냐는 제안이었다. 내 책이 나왔고, 나는 작가의 길로 접어들게 된다.

작가가 되기까지 사실 너무 먼 길을 돌고 돌아서 온 것 같아서 문득 후회되는 것은 많다. 노력은 무한해도 시간은 유한하기 때문에 늘 불안했다. 글을 쓴다고 하는 대부분의 사람들이 갖고 있는, 딱 그 정도의 재능을 가지고서 너무 오만한 결정을 했던 것은 아닌지 싶기도 했다. 불안함 때문에 잠이 들지 못하는 새벽을 뒤적이고, 삼켜내지 못한 기억들을 들춰내서 글자로 만들어내는 일을 한다. 더 잘 쓰고 싶어서 부지런히 쓰고 또 썼던 시간은 나 혼자만의 노력은 절대 아닐 것이다. 작가들의 노력의 양은 다 비슷하다고 생각한다. 한 편의 책에 싣는 글들을 자신의 자식으로 비유할 만큼 노력과 애정이 담기는 법이니까. 세상의 모든 작가들은 다 처절한 노력을 한다. 나의 책이 스테디

셀러로 자리매김 할 수 있었던 것은 내가 더 노력해서도 아니고, 뛰어난 작문 실력이 있어서도 아니다. 다만 운이 좋았을 뿐이었다.

자리 잡기까지의 시간은 꽤 비참했고 절실했다. 친구들은 부모님께 용돈을 드릴 나이에 반대로 용돈을 받아 생활하고, 갖고 싶은 것이 있어도 생활비가 모자랄까 봐 다음으로 미뤄두었고, 하루하루가 초조했다. 그래도 그 당시 내가 할 수 있는 것에 최선을 다했다. 서러웠던 순간도 있었고, 참 행복했던 순간도 있었다. 그런 순간들이 모두 퍼즐처럼 맞춰진 결과가 오늘이 되었다.

적당한 재능과 꿈은 어쩌면 저주에 가까운 게 아닐까 나를 자책하던 순간이 있었다. 그러나 적당한 재능이어도, 그걸 성실하게 다듬으면 되는 일이라는 것을 알았다. 조금 늦게 도착했고, 많이 돌아왔고, 목적지까지 남들보다 몇 배의 체력을 썼다고 하더라도 도착했다는 사실이 중요한 것이다. 할 수 있을지에 대한 의문이 만든 바람에 흔들릴 수는 있다. 다만 꺾이지는 않았으면 좋겠다.

사실 지금도 나는 여전히 불안함을 끌어안고 살아가는 사람이고, 언제 도태될지 모른다는 두려움을 덮고 잠자리에 눕는다. 무엇을 써야 하고 어떤 말로 표현해야 할지는 늘 어렵고 고민되는 일이다. 쉽게 해결되지 않는 불안함과 고민들을 짊어지고 그것을 원동력으로 나아가려고 한다. 가보면 알게 될 것이다. 오늘의 내가 지난날의 나를 바라보고 이야기하듯, 먼 훗날의 내가 말했으면 좋겠다. 아주 훌륭하지는 않았어도 꽤 괜찮은 삶이었다고.

아주 훌륭하지는 않았어도 꽤 괜찮은 삶이었다고.
괜찮은 사람이었다고.

지금도 나는 여전히 불안함을 끌어안고 살아가는 사람이다.
언제 도태될지 모른다는 두려움을 덮고 잠자리에 눕는다.

하지만,
쉽게 해결되지 않는 불안함과 고민들을 짊어지고
그것을 원동력으로 나아가려고 한다.

그리고,
가보면 알게 될 것이다.
아주 훌륭하지는 않았어도 꽤 괜찮은 삶이었다고.

괜찮은 사람이었다고.

보통의 하루

익숙해진다는 것은 새롭지 않다는 뜻이다. 모든 것에 사람은 다 적응하고 익숙해지면서 살아가는 것이지만, 먹먹한 감정에 익숙해지는 것은 언제나 슬픈 일이다. 하루의 끝나감이 허무하게 다가오고, 하루의 시작이 지긋지긋하게 느껴지는 때가 있다.

보통의 하루고, 별다른 것 없는 일상이 무료하고 답답하게 느껴진다 해도, 당신의 삶을 사랑해줬으면 싶다. 이왕이면 슬픔보다는 기쁨으로 마음이 자주 기울었으면 좋겠고, 익숙해진 하루를 보잘것없다 착각하지도 않았으면 좋겠다.

기쁨과 슬픔의 교차점에서 가만히 서 있고 싶다 하더라도, 세상은 그렇게 두지 않는다. 수많은 시험에 들게 하고, 내 삶은 그대로인데 쉴 새 없이 변화하는 세상에 적응해야 한다. 신중하게 선택을 하고, 고심해서 다음을 계획한다고 해서 그것이 그대로 이뤄지는 것도 드문 일이다.

그래도 참 기특하게 멈추지 않고 걷고 있다는 게 대단한 일이다. 시소처럼 기울어진 감정도 다시 평평하게 만들어놓고, 예상하지 못했던 일에 놀라 넘어져도 우리는 계속 앞으로 나아갈 것이다. 의심하지 말고 지금의 당신을 응원만 해주면 된다. 마음이 빠듯해졌다는 이유로 자기 자신을 돌보지 않는 실수를 하지 않게.

오늘을 살아내고
        내일을 이겨낼

3

사는 게 너무 힘들 때는 세상 돌아가는 이야기가 하나도 궁금하지가 않다. 해가 서쪽에서 떴다고 해도 놀라지 않을 것이고, 밤하늘에 달이 두 개가 있다고 해도 한번 쳐다보고 말 것이다. 지금 내가 살아가는 삶이 놀라울 정도로 버거운데, 다른 무언가에 신경 쓸 여력이 있을 리가 없다.

무슨 정신으로 살아가는지 모를 만큼 정신없이 지내온 시간이 있었다. 또래들은 술 마신다고, 친구 만난다고, 남자친구 만난다고 실컷 놀러 다닐 때 나는 책상 위에서 하루를 치열하게 살았다. 수험생활이 힘든 것은 공부가 어려워서가 아니었다. 공부보다 힘든 것은 하루라는 시간을 아쉽지 않게 채워내야만 한다는 압박감을 이겨내는 것이었다. 해가 저물고, 잠자리에 들기 전에 오늘을 뒤돌아봤을 때 아쉽지 않을 만큼 최선을 다했는지 돌이켜보면, 대부분 아쉬움을 머금은 채 잠을 청해야 했다.

심지어 최종 합격자 명단에 내 이름이 없을 때 세상이 무너지는 기분이었다. 약 1년 6개월. 짧으면 짧고 길다면 긴 시간이 한순간에 증발하는 것 같았다. 그때의 나는 하늘을 올려다본 기억이 없다. 오직 땅만 보고 걸었다. 오늘의 날씨는 어떤지, 주변 친구들은 잘 지내는지 관심도 없었다. 다시 일상에 돌아가야 했었는데, 쉽게 마음을 정리하기가 쉬운 일이 아니었다.

내가 헤매고 있다는 걸 안 친구가 주기적으로 나를 불러서 바깥으로 나오게 했다. 의대 본과를 재학하고 있던 그녀에게 소화해야 할 공부량이 얼마나 많고 힘들지 고려하지 못할 정도로, 당시의 나는 아무런 생각도 못 했다. 그녀의 배려와 애정에 대해 고마워할 마음의 여유가 없었다. 다음에 보자고 미루는 게 급급했던 나를 무슨 수를 써서라도 불러내었다. 그녀는 의대 합격 선물로 아버지께 받았다는 하얀색 SUV를 타고 다녔었는데, 내 집 앞까지 와서 나를 조수석에 태우고 이곳저곳을 데려가 주곤 했었다. 해가 지는 풍경을 볼 수 있는 카페를 가기도 하고, 유명한 맛집이라는 식당을 가기도 했다.

한 번은 '여수 밤바다' 노래가 너무 좋아서 진짜 여수 밤바다를 봐 보고 싶다고 했더니, 그녀는 바로 여수로 놀러 갈 계획을 세웠다. 아침 일찍부터 준비해서 여수에 간 적이 있었다. 바다를 보고, 카페에 가서 커피를 마셨다. 아이스 아메리카노를 담은 얼음 잔에 물방울이 맺힐 즈음 그녀가 말했다.

"있잖아, 별거 아닌 시간은 없는 것 같아. 아무 의미 없이 흘러간 게 아니더라고. 사소한 변화를 만들었을 수도 있고, 아직은 느끼지 못할 무언가를 해내기 위한 과정일 수도 있잖아. 그러니까 지금까지 네가 해온 일들, 열심히 노력한 그 시간들이 쓸모없는 게 아닐 거라고."

옆에서 나를 오랫동안 봐 온 사람으로서 나에게 꼭 해주고 싶었던 응원이었을 것이다. 시험에 떨어진 나에게 함부로 괜찮다며 말하기도 조심스러웠을 테고, 다시 해보면 된다는 말은 무책임해 보여서 고민했을 것이다. 그런 그녀가 나에게 건넨 말은 아주 큰 힘이 되었었다. 여전히 막막했고 다시 뭘 해봐야 할지 몰랐지만, 내가 보낸 시간이 아무것도 아니라는 생각은 그만하기로 했다.

학원과 독서실에서 대부분의 시간을 보냈던 날들이 시험에 떨어졌다고 해서 의미 없는 것은 아니었다. 그 덕분에 나는 성숙해졌고, 실패를 받아들일 수 있게 되었다. 설령 내가 노력해온 일이 실패한다고 하더라도, 그게 내 인생 자체의 실패는 아니라는 걸 깨닫게 되었다. 어떠한 새로움을 시도할 때, 조금 더 크게 생각할 수 있도록 성장한 것이다.

우리는 무수히 많은 시간을 지나온다. 목표했던 것이 이뤄지기도 하고, 생각과는 다르게 실패하기도 한다. 결과의 모양이 어떠하다고 해도 그 과정은 분명히 가치 있는 시간이 되어서 남아있게 된다. 이 순간을 최선을 다해 보내는 것처럼, 지난 순간들은 노력이 응집되어있는 존재이다. 오늘을 살아내고 내일을 이겨낼 하나의 큰 힘이 되어줄 것이다. 반드시.

특별함

∽

 특별함은 처음부터 갖은 채로 존재하거나, 아니면 다른 누군가가 특별함을 부여해준다고 믿는 실수를 범한다. 특별한 사람들은 정해져 있고, 특별한 재능, 특별한 외모, 특별한 존재에 대해서 그렇게 생각할지도 모른다. 어쩌면 애초에 특별하기 위해 정해져 있었던 사람이 있을 거라고.

 '어차피 해도 안 될 거야.'
 이 한 마디가 마음 깊은 곳에 자리 잡게 되면 정상적인 사고를 하기 어려워진다. 예상하고 기대했던 것과는 다르게 넘어져야 했던 몇 번의 경험이 만들어낸 생각이다. 그것의 성장 속도는 굉장히 빨라서, 애써 남겨놓은 긍정적인 생각들을 금방 잡아먹어 버린다. 할 수 있을까에 대한 의문이 생기면 할 수 없다는 단정적인 대답을 내놓고, 미래에 대한 기대를 품으면 결국은 기대한 만큼 나중에 힘들어지기만 할 것이라는 안쓰러운 결론만 도출해낸다.

나는 특별한 사람이 아니니까.
주변에서 일이 잘 풀리는 사람들은 특별한 사람들이라 그런 것이고, 나는 특별하지 않은 사람이니 뭘 해도 잘 안 될 것이라고 성급히 판단하곤 한다. 주저하고, 불안함에 고민하고, 결국은 포기한다. 다가온 기회들을 포기하지 않았어도 됐는데, 일단 내려놓는 것에 급급하게 만들 뿐이다.

해도 안 될 일은 없고, 특별한 사람이 정해진 것도 아니다. 조금 더 시간이 걸릴지 모르고, 많은 노력을 해야 할지 몰라도 영원히 못 할 일은 없다. 저마다 자기만의 특별함을 갖고 살아간다. 그것을 빨리 알아보느냐 혹은 늦게 알아보느냐의 차이이다.

겸손함과 위축되는 것은 다르다. 모든 가능성을 열어두고 거만해지지 않게 겸손함으로 혹시 안될지 모르는 미래를 걱정하는 것은 괜찮아도, 위축된 생각으로 자신의 모든 가능성을 막아버려서는 안 된다. 자신의 특별함을 아직 모르고 있을 수 있다. 어느 날 갑자기 깨닫게 되는 것이 아니라서, 매일 자신의 모습을 돌봐줘야 한다. 불안함과 자기연민에 가려진 존재의 특별함을 찾을 수 있도록.

언제나 행복할 수 있을까

∞

'언제나'라는 부사는 두 가지의 뜻이 있다. 한 가지는 '모든 시간 범위에 걸쳐서'라는 뜻이고 다른 하나의 뜻은 '어느 때가 되어야'라는 뜻이다. 언제나 행복할 수 있을까. 이 문장을 써놓고 한동안 바라보았다. 항상 행복할 수 있을까. 혹은 언제가 되어야 행복해질 수 있을까.

두 가지 뜻을 오래 머금다가 생각했다. 언제나 행복할 수는 없기에, 언제나 행복해질 거라는 희망으로 살아가는 것이라고.

조용한 위로를,
차분한 마음을.

∽

 타인에게 나에 대한 완벽한 이해를 바라지 않는다. 나의 모든 것을 이해해주길 바라는 것은 어쩌면 나의 이기심이 섞인 생각일지도 모르겠다. 아무리 나와 가까운 사람이라 해도, '나'라는 사람을 온전히 다 알 수는 없다. 살아온 시간과 겪은 내용이 달라서, 남을 완전히 이해하는 것은 불가능에 가까울 것이다. 이야기를 풀어 놓아도, 그것을 나와 같은 심정으로 받아주기란 어려운 일이다.

 그래서 입을 다물고 지냈었다. 말에 치여서 가슴이 다쳤을 때, 아프다고 상처를 보였다가 다시 성가신 말을 듣는 것만큼 고역은 없었다. 무슨 일이 있다고 하면 캐묻는 질문에 다 대답해주기도 힘들고, 해결책이라고 제시하는 말에 일일이 방어하기도 어려웠다. 기껏 내 이야기를 들어놓고 다 그렇게 산다는 맥빠지는 이야기를 듣고 싶지 않았고. 결국은 맥락에도 맞지 않는 자기 이야기를 떠드는 건 나에게 아무런 도움이 되지 않았다. 차라리 아무 일도 없는 것처럼 행동하고 다니는 게 더 편했다. 그러다가도 가끔 참지 못할 정도로 속이 답답할 때가 있다. 사실 하나도 괜찮지가 않고, 머릿속이 복잡해서 하루가 엉망일 때는 아무렇지 않은 척하는 것도 힘들었다.

그럴 때면 오래된 책들을 꺼내어 읽는다. 하도 오래전에 구입한 책이라 종이 색이 빛바래져서 누런빛을 띄는 책이 몇 권 있다. 이사를 하면서 대부분의 책을 정리하고 정말로 내 편이 될 책들만 가져왔었다. 조용히 글자들을 머금으며 내 심정을 토해내면, 다시 글자들은 나에게 위로가 되어 스며들어준다. 내 아픔을 쉽게 무시하지도 않고, 쓸데없는 이야기로 정신을 산만하게 만들지도 않고, 껄끄러운 참견이 없는 온전한 위로의 시간이 참 좋다.

나는 글을 쓰는 사람이다. 늘 원고 집필을 시작할 때면 소망한다. 나의 글이 누군가에게 위로가 되기를. 가만히 고개를 끄덕여주는 오랜 친구가 되고 싶기도 하고, 다 괜찮아질 것이라고 꼭 끌어안아 주는 가족이 되고 싶기도 하다. 오직 글자만이 줄 수 있는 따뜻함을 쥐여주고 싶은 마음이다.

나도 당신의 모든 마음을 다 이해할 수는 없다는 걸 안다. 복잡 미묘한 심정을 완전히 다 알 수는 없어도 한 가지는 희망한다. 내가 글자에 위안을 받고 힘을 내어 다시 살아가듯이, 내가 열심히 적어 내려간 글자들이 당신에게 힘이 되어주기를 바란다. 조용한 위로를 주고, 차분한 마음을 선물해주고 싶다. 세상살이가 버거울 때 기댈 수 있고, 삶의 전환점에서 혼란스러울 때 쉬어갈 작은 품을 만들어본다.

삶은 힘들고, 다 그렇게 힘들게 살아가는 것이라고 해도 당신은 조금 덜 힘들었으면 좋겠다. 얕은 말 몇 마디에 생채기가 나지 않았으면 좋겠고, 불필요한 참견에 괜한 반성은 접어두기를 바란다. 하염없는 응원과 위로를 적어본다.

오늘을 살아가는 당신에게 어제의 내가 애정을 담아서.

다음
발자국

3

　시대가 달라지고, 세상의 흐름의 방향도 달라졌다면 당연히 내가 모르는 게 더 많아지게 된다. 얼마 전에 나에게 논술을 배우게 된 고등학생이 나에게 알려주는 지금의 학교의 모습과 아이들이 생활하는 모습은 새로웠다. 신기해서 듣고 있는 내 반응이 꽤 재미있었는지 신이 나서 자신이 다니는 학교와 학원, 그리고 자기 반에서 가장 유행하는 것들에 대해서도 알려주었다. 코로나 때문에 비대면 수업에 관한 이야기도 그렇고, 그녀가 말해주는 모든 이야기는 고등학교 졸업을 한 지 한참이 지난 나에게 마냥 새롭기만 하다.

종종 나에게 자신이 어떤 삶을 살아야 할 것인지 진지한 고민을 말하기도 하고, 어떤 학교와 어떤 과를 가야 할지, 입시를 위해 무엇을 준비해야 할지 묻기도 한다. 나는 고3, 재수생 시절, 이렇게 두 번이나 입시를 한 사람이다. 수능 끝나고 실컷 놀라는 말은 사실 겪어보면 틀린 말이다. 그때부터야 정말로 수능 공부보다 치열한 입시영역 공부를 시작해야 하는 때이다. 수시 논술을 봐야 하고, 수시 합격이 안 됐다면 정시 원서를 대비해야 하기 때문이다. 11월 수능이 끝나고 나는 한 번도 제대로 놀아본 적이 없었다. 논술 준비, 면접 준비를 위해 입시컨설팅 학원에서 수능 6교시라고 불리는 수능 후 공부를 했었다.

두 번이나 했으니 경험담도 남보다 2배이고, 나이가 들어보니 대학이며 취업에 대해 해주고 싶은 말도 정말 많지만, 말을 최대한 아낀다. 남의 말에 가장 좌지우지되기 쉬운 10대의 시절이라는 걸 가장 잘 알기 때문이다. 내가 10대일 때는 너무 많은 어른들이 자신의 말이 옳다며 이렇게 해라 저렇게 해라 간섭하는 게 흔한 시대였다. 학교 선생님들도, 학원 선생님들도, 가족들도 저마다 자기의 의견이 가장 맞으니 본인 말을 들어야 한다는 게 통용되는 분위기였다. 그 안에서 나는 사실 내 길을 자주 잃었었다. 그때 예언가처럼 이렇게 하면 된다고 외치던 선생님의 말은 막상 살아보니 맞지 않았다. 현실은 변해있었다. 누구의 잘못은 아니다. 세상이 너무 빠르게 변한다는 걸 아무도 알지 못했을 뿐이었다.

나에게 논술을 수강하고 있는 귀여운 여학생에게 내가 해줄 수 있는 말은 담대해지라는 막연한 조언이었다. 지금 맞다고 생각하는 게 그때는 아닐 수 있고, 살아가다 보면 놀랄 일이 더 많고, 계획이 무색해지는 순간도 찾아올 것이며, 울게 될 날도 정말 많을 것이다. 그런 날들을 용감히 성큼성큼 걸어 나아갈 줄 알면, 해내지 못할 일은 없을 거라 응원했다.

지금 내가 10대의 나를 바라보고 20대의 나를 바라보면서 생각하는 것을, 나중에 50대가 된 내가 30대의 나와 40대의 나를 바라보며 생각하는 것과 비슷할 것 같다. 가슴이 시린 날이 오더라도 그것에 약해지지 말고 다음 발자국을 옮기라고.

완숙함을 추구한다고 해서 그게 하루아침에 올 수 있는 것은 아닌 것 같다. 때때로 실수하고, 어설프게 달리기도 하고, 그래서 가끔 자신을 이해할 수 없는 순간도 언제나 존재할 것이다. 그럼에도 불구하고 포기하려는 마음을 경계하고 안주하고 싶은 생각을 지워가면서 살다 보면, 언젠가 꽤 진짜 어른 같은 내가 있지 않을까 희망을 남겨본다.

*언젠가
꽤 진짜 어른 같은
내가 될 수 있지 않을까.*

용기 몇 조각,
생각 몇 스푼.

∞

 용기 몇 조각과 생각 몇 스푼을 잘 섞다 보면 꽤 매끈한 모양으로 태어나는 게 있다. 목표라는 이름의 매끈한 것이 마음 한쪽에 자리하게 된다. 목표가 태어나면서부터 차근차근 계획들이 나타난다. 어떤 삶의 모양으로 만들어 나갈 것인지, 시간의 흐름을 보내는 데에 있어서 어느 정도의 속도에 맞출 것인지 같은 구체적인 사항들이 만들어지는 것이다.

 취업준비생인 후배는 지금 자신이 '뭘 하고 싶은지도, 어떤 일을 해야 하는 것인지도 완벽히 못 정하겠다'라는 고민을 전했다. 20대 후반의 문턱에 서 있는 그녀는 눈동

자에 혼란스러움을 담고 있었다. 늘 삶에는 세 가지의 물음이 던져진다. 무슨 일을 할 수 있는지, 어떤 일을 잘하는지, 내가 하고 싶은 일은 무엇인지. 나 역시도 이 세 가지의 질문을 받았을 때 자신 있게 대답하지 못했다. 자기 재능을 빨리 찾아내서 적성에 맞는 일을 척척 해내는 친구들을 보며 부러워하기 바빴고, 정작 내가 잘하는 일은 어떤 것인지 생각해보다가 결국은 푸념으로 끝났었다.

지금 직업을 갖고 사회인으로 살아가고 있는데도, 후배에게 근사하고 논리적인 대답을 해주지 못했다. 부끄럽지만 나도 여전히 그 세 가지에 대한 답을 찾아가는 중이다. 이미 답을 찾았다고 생각하다가도, 문득 이게 맞는 길인지 의구심이 들 때가 있다. 그러면 뒤를 돌아, 걸어온 길을 한참 바라보고 다시 고개를 돌려 나아갈 길을 살펴본다. 숨을 한 번 크게 들이쉬고 다시 걸어갈 채비를 하고 걸어갈 뿐이다.

취업해서 다 자신의 밥벌이를 잘 하고 있는 친구들도 마찬가지이다. 자신의 직업을 선택하고 삶의 방향도 정해

났는데 이게 맞는 건지 모르겠다며 하소연한다. 그러다 대기업을 퇴사하고 자기가 하고 싶은 일을 시작한 친구도 있고, 그래도 당장은 회사생활을 버텨내야만 한다면서 회사 욕을 하며 근속 중인 친구들도 있다.

어느 길에 서 있는 사람이라도 갑작스레 찾아오는 미래에 대한 불안감은 어쩔 수가 없는 것 같다. 막연할지 몰라도 살다 보면 알게 된다. 가다가 수정할 게 생기면 수정하고, 길이 끊어져 있으면 돌아 나와야 하는 일이 생길 수도 있고, 그렇게 가다 보면 점차 미래의 목표가 뚜렷해질 것이다.

용기 몇 조각과 생각 몇 스푼을 섞어 목표를 만들었다면, 몇 걸음마다 조금씩 사라지는 용기를 붙잡아내야 한다. 길이 가려져 있다고 하더라도 온전한 삶의 의미를 찾아낼 당신이니까.

처음 살아보는 삶이기에

모두가 처음 살아보는 삶이니, 당연히 무서울 수 있다. 용감하지 않은 게 아니고, 도전 의식이 부족한 것도 아니다. 너무 빠르게 지나가고, 낯선 것뿐인 곳에서 덜컥 찾아오는 두려움은 어쩌면 당연한 일이다.

무서워해도 된다. 알고 시작한 일이라 하더라도 당장 나아가기가 막막한 마음, 갑자기 바뀌어버린 것 같은 변화에 휩쓸린 듯한 답답함, 익숙했던 사람과 낯설어지는 이질적인 감정 같은 수없이 많은 이유들에 가끔은 겁을 먹고 몸을 피해도 좋다.

당신이 연약한 사람이라고 비아냥거릴 이도 아무도 없고, 왜 두려움과 맞서지 않느냐고 간섭할 자격이 있는 사람도 없다. 무서워해도 괜찮다. 결국, 괜찮아지고 단단해질 당신이 잠시 앓고 있는 몸살일 뿐이다. 다 괜찮다.

"결국, 괜찮아지고 단단해질 당신이다."
"잠시 앓고 있는 몸살일 뿐이다."
"다 괜찮다."

불면증

∞

 예전에 방영했던 버라이어티 예능 프로그램을 찾아서 보기도 하고, 킬링타임용으로 제작된 영상을 유튜브로 찾아서 보기도 했다. 생각하지 않는 방법을 모르기 때문에, 아무런 생각도 하지 않을 수 있는 도구를 찾고 있었던 것이었다. 생각은 무겁고 또 가벼워서 자기 마음대로 마음속 가장 연약한 부분에 자리 잡아 움직일 생각을 안 하고, 그만 좀 떠올랐으면 싶은 순간에 쉬지 않고 떠올라서 머릿속을 괴롭히기도 한다.

 나의 불면은 생각의 흐름이 멈추지 못함에서 시작됐다. 결국은 꺼내지 말아야 할 기억이나 생각까지도 기꺼이 건

드리고야 마는 고약한 사고의 성질 때문이다. 내 주변에는 불면증으로 힘들어하는 사람들이 많다. 남편도 그렇고, 꽤 많은 친구들도 겪고 있었다. 아마 모두 생각을 그만두는 법을 모르는 사람들일 것이다.

서툴지 않고 싶은데 살아냄에 서툴고, 지치지 않은 척했어도 지쳐있어서 잠을 자는 게 편하지가 않았다. 내가 서툴다는 사실에 반박하지 않기로 했다. 지쳤으면 하루쯤은 할 일이 많아도 그냥 푹 쉬어버렸다. 생각이 많아지지 않게 내가 할 수 있는 선에서 불필요한 생각은 잘라내었다. 더 나은 사람이 되고 싶다는 마음이 불러일으킨 나의 모자란 기억들을 곱씹지 않는다. 그때는 부족했고, 지금부터는 안 그러면 된다고 간결하게 결론 짓는다. 내가 잘못했던 것이라면 잘못을 인정하고 다음을 기약한다. 지난 일이나 앞으로의 걱정이 너무 과하게 떠오르면 지금 고민한다고 달라질 게 없다는 걸 한 번 더 인지한다. 조금 더 솔직하고 담백하게 생각하려 하자 쓸데없는 기억이 함부로 출연하지 않았다.

당신이 오늘 밤에도 편안하게 자고, 깜짝 놀라 깨지 않는 좋은 꿈을 꾸기를 바란다. 너무 복잡하게 생각하려는 생각의 실타래를 과감하게 끊어내기를 응원한다. 복잡함을 정리할 수 있는 것은 단순하고 명확한 결단력이다. 지금 생각한다고 당장 할 수 있는 일이 아니라면, 지금의 당신이 아니라 내일의 당신에게 맡겨도 된다. 지금의 당신은 그저 잘 자기만 하면 된다. 내일의 당신을 위해서.

조금 유연하고
　　　　단호한 삶

3

　이전에는 웬만한 일에는 그냥 눈감아주는 게 미덕이라고 생각했었다. 이해심이 큰 것은 아니지만, 이왕이면 내가 인내하고 지나가는 걸 선택했었다. 기다려주면 되겠지, 혹은 스스로 깨닫게 되면 나아지겠지라는 생각을 갖고 있었다. 사람에 대해서 많은 실망을 겪어보면서, 내 생각이 안일했다는 걸 느끼게 되었다. 유감스럽게도 자신의 잘못에는 합리화가 능숙해서 별것 아닌 것으로 치부하고, 상대가 당했을 아픔이나 괴로움은 크게 개의치 않는 사람이 생각보다 많았다. 그런 이들에게는 좋게 넘어간다고 해서 자신을 되돌아보거나, 고쳐보려는 노력 자체가 불가능한 일이었다.

자신도 겪어봐야 자신의 행동에 대해서 생각할 수 있게 되는 이들에게는 받은 만큼 똑같이 되돌려주는 방법이 필요하다. 나만 잘한다고 해서 함께 나아지는 그런 교과서적인 결말은 흔치 않다. 상대가 나에게 아픔을 주면 동일한 뉘앙스의 말을 꺼내어 던져준다. 자신에게 향한 화살에 대해서는 억울함을 토로하는 이에게, 지난날의 본인이 했던 행동을 상기시킨다.

좋게 봐주고, 웃어주고, 내 주장을 크게 말하지 않으면 자신이 정답인 것 마냥 행동하는 사람들과 함께하기란 힘든 일이다. 그 탓에 더 벽을 만들고, 틈을 보여주지 않으며, 굳이 불필요한 사람과 섞이지 않도록 노력하는 것이다. 전에 한 교수님이 이런 말을 해준 적이 있었다. 혼자서만 착하면, 결국 착한 사람은 바보가 되는 것이라고. 관계를 끊어낼 때 끊어내더라도, 그 사람에게 본인의 잘못이 무엇이었는지는 분명하게 인지시키고 각인시키고 떠나라는 조언이었다. 그때 당시 그 말을 들었을 때는 굳이 그렇게까지 해야 하나? 싶었지만, 그 말이 틀린 말이 아니었음을 깨닫게 되었다.

사람은 살면서 변해간다고 하는데, 살아갈수록 더 날카로워지는 것인지 싶어 속상할 때가 있다. 동그랗게 만들어 놓은 마음을 누군가 와서 깨트려 모나게 만들어놓고 가버린다. 깨진 마음을 주워서 다시 동그랗게 붙여놓으면 또 다른 이가 와서 망가트려 놓고 만다. 예전과 다르게 웃음도 줄었고, 사람들과 거리를 두려고 노력하고, 그런 자신의 모습이 문득 생경하게 느껴질 수 있다. 그냥 이해해줘야 하는 것은 아닐지 고민할 필요 없다. 단호한 본인의 행동을 가지고서 혹시 잘못하고 있는 것일까, 자신이 너무 예민해진 것은 아닐까 걱정하지 않아도 된다. 너무 오랜 시간 남에게 하는 배려가 습관이 되어 착하게만 살아온 당신이 이제야 조금 자신을 생각하려는 일이다.

조금 유연하고 단호한 삶을 살아갔으면 싶다. 깎여나가고 부딪혀 사라진 것들을 잃은 만큼 어느 정도 삶에 대해서 관망할 수 있는 여유를 가지기를 바라는 마음이다. 보드라운 마음이 언젠가는 단단해질 날을 응원한다. 아주 단단해져서 그 안에는 따뜻한 온기가 가득하기를.

조금 유연하고 단호한 삶을 살아갔으면 싶다.

"어느 정도는 삶에 대해서 관망할 수 있는 여유를 가지기를."

"언젠가는 단단해지기를."

"아주 단단해져서 그 안에는 따뜻한 온기가 가득하기를."

그래도
나답게

3장

-

관계를
단단하게 만드는 일이
여전히 어렵다.

3장

-

관계를
단단하게 만드는 일이
여전히 어렵다.

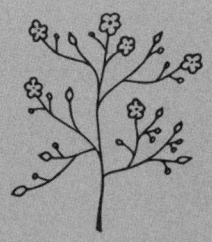

좋은 사람만 만날 수 없다면

∽

'사람들에게 다정할 것, 그러나 그들을 기쁘게 해주려는 불필요한 노력은 멈출 것.'

이십 대의 어느 날, 내 일기장에 적혀있는 글귀이다. 구체적으로 무슨 일이 있었고, 그 당시의 나에게 어떤 일이 있었는지는 정확히 기억이 나지 않는다. 평소에 길게 쓰던 일기마저도 줄여놓고 저 한 마디만 우두커니 남겨져 있었다. 아마, 그날의 나는 꽤 마음이 힘들었던 것 같다. 꾹꾹 눌러 쓴 글씨들을 보면서, 언제나 사람들과의 관계는 힘든 것이구나 싶었다.

20대 초반의 내가 나에게 해주고 싶었던 저 한마디를 언젠가부터 나는 잊고 살아왔을지도 모르겠다. 친절이 미덕이고, 내가 조금 불편해도 남이 기쁘면 나도 기쁠 거라는 가식이 섞인 생각을 했던 적이 빈번했다. 사람은 같은 실수를 반복한다고 하는데, 꼭 내가 그랬다. 저렇게 글자로 써놓을 정도로 다짐했으면서, 금세 잊어버리고 살아가고 있었다.

사람은 혼자서 살아가는 것이면서도, 동시에 사람들과 어울리며 살아가야 하기도 한다. 긍정적인 관계이든, 서로 상호보완적인 관계이든, 모양은 다르지만 혼자서만 사는 일은 극히 드문 경우이다. 그래서 우리는 만나는 사람에 의해서 마음이 일그러지기도 하고, 다시 평평하게 돌아오기도 하는 과정을 반복하면서 살아간다. 사람 때문에 상처받지 않고 마음이 언제나 매끈한 모양으로 남아있으면 좋으련만, 생각만큼 쉬운 일은 아니다.

나는 조용하고 다정한 말이 습관이 된 사람이 좋다. 너무 많은 말을 해서 심상을 흐트러뜨리지 않고, 몇 마디의 말이라 하더라도 따뜻함을 내포할 줄 아는 마음의 온기가 좋다는 뜻이기도 하다. '솔직하다', 혹은 '내 생각일 뿐이다'라는 말에 담아서 상대가 들으면 불편할 말을 던지는 것은 솔직함도 아니고 개성이 강한 것도 아니다. 그저 무례함을 포장하려는 말이 되는 경우가 더 많다. 그런 말을 받았으면 똑같이 맞받아쳐 줄 정도의 배짱이 없으니, 불쾌함을 표현하기 위해 경고를 해야 하는데, 우물쭈물하다 옐로카드를 꺼내지 못했다. 불편한 말에 잔뜩 젖어와서 나는 왜 바보같이 가만히 있었는지 후회하기만 한다.

내가 좋아할 수 있는 사람들만 만나고 싶지만, 삶은 그렇게 나를 내버려 두지 않는다. 이곳에서 잘 피했다고 생각하면, 갑자기 어디에선가 나를 불편하게 할 사람이 신기할 정도로 툭 나타난다. 한 번 피했으니 됐을 거라는 생각은 착각이었음을 금방 알게 된다. 초등학생 때 했던 게임처럼 악당을 부딪치지 않고 요리조리 피해 다녀도, 악당의 입에서 뿜어나온 불에 맞고 캐릭터가 죽듯 내 마음도 금방 시들고 만다.

여전히 나는 사람과 사람을 만나서 관계를 단단하게 만드는 일이 어렵다. 인간관계라는 것은 살아 움직이는 유동체 같은 것이라서, 정해진 한가지의 해답을 찾기란 어려운 일이라는 걸 안다. 우리는 그만큼 유연하게 대처하면서 지내야 한다. 정해진 답을 찾으려고 하지 말고, 나에게 맞는 답을 유추하고 적응시키면서 지내는 것이다. 어떤 관계를 유지하려면 어떤 선택을 해야 할까에 대한 고민의 답변은 남이 해줄 수 있는 게 아니다. 오직 당신만이 자신의 마음이 편안해질 수 있는 방향을 선택해야 한다. 20대의 어느 날에 선택했던 방법이, 30대의 어느 날의 상황에서는 알맞지 않을 수도 있다. 당연한 일이다. 자연스럽게 변화하는 게 사람과의 관계이기 때문이다.

앞으로의 시간 속에서 수없이 만나게 될 돌발 상황 같은 사람들에게 당신의 마음이 혼탁해지지 않기를 진심으로 바란다. 언제나 어디서나 좋은 사람만 만날 수는 없는 법이다. 깜빡이를 켜지 않고 갑자기 차선 변경을 하는 차처럼, 불쑥 무례하게 침범하는 사람에게는 과감하게 경적을 울릴 용기가 생길 것이다.

오롯한 당신의 삶이다. 그런 삶에서 당신이 집중해야 할 것은 바로 당신 자신이다. 집중을 흩트려 놓을 존재에게 시간을 뺏기지 말고, 평온함을 깨트리는 누군가에게 틈을 주지 말고 담대하게 나아갔으면 좋겠다. 당신의 길에서는 당신만이 주인공이다.

기대지도, 기대하지도 말 것.

∞

 아이야, 아무에게나 기대지도 말고 기대하지도 말아라. 생각보다 많은 사람이 남의 아픔을 자신의 위안으로 삼고, 약점으로 만들어버리기도 하는 법이다. 누구라도 붙잡고 하소연하고 싶은 날이거든, 주저 말고 나를 찾아오면 된다. 발걸음을 옮길 힘조차 없다면, 차라리 슬픈 음악과 기나긴 한숨에 털어내어야 한다. 세상의 아름다움만 말해주기에는 텁텁하고 씁쓸한 면에 네가 다칠까 걱정이다. 그저 온 마음으로 바랄 뿐이다. 소중한 네가 큰 흉터 없이 모든 순간을 잘 이겨내기를.

쉽게
상처받는 마음을 가졌다면

∞

　많은 일들을 겪어보면서, 이전과 조금씩 변화된 삶을 살고 있다. 그러면서 모든 사람에게 좋은 사람일 필요도 없을 뿐만 아니라, 모든 관계에 대해서 그렇게까지 노력하지 않아도 된다는 걸 더욱 느끼게 된다.

　사람들과 함께하는 자리에서, 일단 편안하고 친근한 사람이 되려고 노력했었다. 긍정적인 대답을 우선으로 답하고, 꼭 필요한 거절이 아니라면 먼저 수용하려고 노력했다. 나로 인해서 다른 사람들이 편안하면 기쁜 일이라고 생각했었다. 살아보니 아니었다. 나로 인해서 함께하는 사람들'만' 즐거웠다. 정작 가장 중요한 나는 편안하지가 않았다. 슬프지만 몇몇 사람들은 내가 노력한 것들을 너무나 당연하게 자신들이 누릴 권리라고 여기곤 했다. 예전에 내가 집필했던 책에 이런 글을 쓴 적이 있었다. 처음부터 잘해주면 그게 그들에게 내 행동의 당연한 기준점이 되고야 만다는 내용이었다. 그 말의 연장선일 수도 있다. 착한 사람이라는 말이나 친절하다는 말을 칭찬이라고 여러 번 들어온 사람은 이제 변화가 필요하다는 뜻이다.

이유는 모르겠지만 잘해주는 사람에게는 막 대해도 된다고 생각하고, 자기주장을 앞세워 행동하는 사람에게는 조심해서 행동하는 모양을 종종 목격했었다. 아이러니하게 좋은 마음으로 최대한의 친절을 섞은 행동은 으레 자신들이 누려야 한다는 착각으로 변질하기 십상이었다. 버릇처럼 웃고 있고, 불편한 말을 들어도 그냥 듣고 넘어가다 보면, 조금 무례하게 행동해도 받아주는 사람이라는 프레임이 씌워진다. 반대로 자기 싫은 의사를 잘 표현하고, 불쾌함을 숨기지 않는 사람에게는 오히려 조심해서 행동하려고 노력한다.

나는 화낼 일이 아니라면 굳이 화내는 일이 거의 없다. 목소리를 크게 내어서 상황을 복잡하게 만드는 것을 피하고 싶고, 성인이 자신의 감정을 조절하지 못하는 건 덜 성숙하다고 생각해서 이왕이면 부정적인 감정은 내색하지 않으려고 했었다. 그런 이유로 넘어갔던 것들이 화근이었다. 남이 짜증 낸다고 해서 나도 똑같이 짜증 내는 행동을 하고 싶지 않았고, 불쾌한 표정을 대놓고 지으면서 분위기를 불편하게 만들고 싶지도 않았다. 대신에 관계 안에서 굳이 필요 이상의 노력을 하지 않으려고 한다. 최선을 다해서 참을 필요도 없고, 해야 할 말을 굳이 머금고만 있지 않아도 된다는 걸 알았다. 보고 싶지 않은 사람은 보지 않고, 생각 없이 불필요한 말을 꺼내는 사람에게는 조심스럽게 자신의 무례를 알려준다. 차근차근 적당히 친절한 사람이 되는 중이다.

좋은 마음으로 예쁜 애정을 건네면, 역시나 자신이 가진 다정함을 꺼내어 건네주는 사람들이 더 많다. 그러나 애정을 건네면 가만히 앉아서 다른 것도 더 달라고 하는 사람들도 꽤 많다는 게 문제이다. 그 탓에 모든 사람에게 최선을 다하려는 마음이 종종 다치게 된다.

고마움을 알고, 상냥함을 주고받을 줄 아는 사람들만 만나고 싶다. 사람에게 다가감에 대해서 멈칫거리고 너무 쉽게 마음을 주진 않을까 걱정하는 것은 피곤한 일이다. 마스크를 쓰고 생활하듯, 나를 보호할 수 있는 거리는 띄어놓고 사람들의 사이로 들어간다. 쉽게 상처받는 마음을 가졌다면, 애초에 다치지 않기 위한 노력이 필요한 법이니까.

인
연
에
게

3

　인간관계에서만큼은 논리라는 단어가 금방 무력해지고야 만다. 머리로는 아니라는 것을 알아도 괜찮다며 이해하려 노력할 수 있고, 이성은 멀리해야 한다고 경고를 해도 감정이 그것을 가뿐히 무시한 채 손을 잡고 있을 수도 있다. 그래서 모든 인간관계는 늘 피할 수 있는 사고여도 당하기 일쑤이고, 나이가 있다고 해도 절대 쉽다고 느낄 수 있는 일이 아니다.

　말로는 참 간단한 문제이다. 등을 돌려야 할 때 등을 돌리면 되는 것이고, 가까이 다가가 부둥켜 안아주어야 할 때 끌어안아 주면 된다. 그러나 가장 핵심적인 '타이밍'을 판단하기가 언제나 어렵다. 미련 때문에, 아쉬움 때문에, 정 때문에 등을 돌려야 할 시기를 놓치고 만다. 반대로 지난 기억이 만들어낸 두려움과 걱정 때문에 가까이 갈 순간을 미뤄두다가 자신의 인연이 타인의 곁에 있는 모습을 지켜보게 되기도 한다.

돌이켜보면 아쉬운 순간을 삼켜내고, 바보 같았다며 스스로를 자책하는 시간도 보내고 나면, 인간관계에 대한 자신만의 기준을 갖게 된다. 사람과의 관계를 맺는 일은 어려운 일이라는 걸 알아도, 조금 더 담대하게 결정할 용기가 생긴다. 그 인연이 설령 잘못되더라도 세상이 무너지지 않음을 알고, 아쉽게 놓쳐버린 사람은 결국 내 인연이 아니었음을 인정하게 된다.

일상을 공유하고 싶은 사람을 만난다는 건 운명이란 단어로 설명되는 것인지, 선택이라는 말로 표현해야 하는지 아직 잘 모르겠다. 논리적이지 못하고, 가끔 제멋대로 움직이는 마음에게 휘둘리기도 하고, 불안함으로 겁먹은 기억에게 붙잡히기도 한다. 그런 복잡하고 곤란한 고민들을 모두 떨쳐내고, 우리는 누군가에게 손을 내민다. 내 사람이 되어달라고.

언젠가의 둘의 모양이 어떠하더라도, 중요한 것은 지금, 이 순간의 만남이 너무 소중하다는 것이다. 틀림없이 꼭 만나야만 했을 것 같은 당신 곁의 인연에게 마음껏 마음을 보여주면 좋겠다. 오래오래 같이 걷자고.

소중했던
인연이었음을

∞

 아무리 오랜 친구라고 하더라도 교복을 벗고, 성인이 되어 각자의 길을 선택하고, 시간이 흘러 제 밥벌이를 하게 되면 각자의 중심이 달라진다. 중심을 어디에 두느냐에 따라서 삶의 형태가 각자가 선택한 특유의 모양으로 만들어지고, 선택한 삶에 따라 행동과 생각도 무척이나 다양해진다. 어렸을 때 꽤 친했던 친구를 오랜만에 만나면 새삼스럽게 어색한 이유도 그 때문이다. 싫은 것도 아니고, 나쁜 것도 아닌데, 어딘가 너무 많이 달라진 것 같은 기분이 생경하게 가슴팍을 맴돈다.

 20대 초반일 때, 서울로 취업했다는 친구를 만난 적이 있었다. 동네 친구였던 그녀와는 놀이터에서 놀던 시절부터, 학교 끝나고 학원을 같이 다니던 것까지 많은 기억 속에 함께하는 존재였다. 성인이 되고 내가 서울로 오게 되면서 한동안 만나지 못했다. 그런 그녀와의 만남은 설레는 일이었다. 미리 알아둔 유명 식당에서 만나기로 했었다. 어릴 때의 얼굴이 남아있는 친구를 보자마자 반가움이 샘솟았다. 그동안 어떻게 지냈는지 이야기하고, 서로 하는 일을 말하고, 예전에 우리 이렇지 않았냐며 추억을 꺼냈다. 분명 즐거웠고, 지난 시간을 공유할 수 있어서 좋았지만, 뭔가 달라져 있었다. 떨어져 있던 시간이 길었던 탓에, 서로 알지 못하는 삶의 모습에서 새롭게 형성된 생각을 쉽게 꺼낼 수가 없었다.

이왕이면 조용한 분위기를 좋아하고, 혼자서 공부하는 학생인 나와는 다르게, 많은 사람들을 만나며 팀으로 일을 하고, 새로운 사람들을 만나는 게 일이 된 그녀였다. 취미도 전혀 다른 방향이고, 주말을 보내는 방법도 정반대였다. 사람이 3명만 모여도 뭔가 소란스러운 기분에 머리 아프다고 느끼는 나와, 여러 명 모여 북적북적 만나서 놀아야 스트레스 풀린다는 그녀와 나는 맞지 않았다. 남자들도 많이 만나봐야 하는 거라며 자신이 알고 있는 오빠들과 같이 모여서 술을 마시자고 하는 그녀에게 손사래를 쳤다. 그녀가 보기에 나는 너무 재미없는 친구가 되어있었고, 내가 보기에는 그녀가 너무 활발한 친구였다.

아쉽지만 그 후로 그녀도 나에게 자주 연락하지 않았고, 나도 주말을 함께 보내자고 만남을 약속할 수 없었다. 금요일 밤이면 밤늦게까지 재밌게 놀고 술에 취해 집에 가는 그녀에게, 토요일 이른 아침에 해설가 선생님과 덕수궁 투어를 하자고 하기에는 우리는 너무 달랐다.

같은 추억 말고는 공통점이 사라진 관계가 있다. 지난 시간을 이야기 꺼내는 것 말고는 지금을 함께하기 어색해진 사이. 그런 사이가 되어버렸어도 슬퍼하지는 않았다. 시간이 흐른 만큼 나도 변했고 상대도 변했음을 당연하게 받아들였다. 약간의 아쉬움이 생기지만, 그걸로 관계를 억지로 단단하게 만들 수 없다는 걸 안다. 그 시절 나에게 소중했던 인연이었다는 사실만 기억한다.

꺼내 보면 미소 짓는 기억에 남아있는 존재들을 굳이 현재로 데려와서 나와 똑같이 살아보자며 강요하지 않고, 나와 맞지 않는데도 억지로 맞춰가면서 함께하려고 하지 않는다. 지난 추억에 남아있다면 그걸로 충분하다.

친밀해질 수 없는 사이

∞

 참는 게 이기는 것이라는 말을 어렸을 때 들었다. 유치원에서도, 초등학교에서도 선생님들은 '참는 게 이기는 거야.'라고 말하며, 잘 참는 착한 아이가 되라고 알려줬다. 성인이 되어보니, 그런 말은 살아감에 있어서 썩 도움이 되지 못했다는 걸 안다. '그냥 참아주고 말지'라는 생각도 잘못된 것이었다. 아닌 것은 끄집어내서 그건 나와 맞지 않는다고 말하려 노력한다. 참는다고 나아질 것은 아무것도 없었다.

 혼자 참고 있으면 상대는 정말로 자신이 꽤 괜찮아서 내가 조용하다고 착각하게 된다. 그건 누구든지 사람이라면 어쩔 수 없는 자만심인 것 같다. 결국, 참는 사람 혼자만 힘들어지는 아이러니한 상황이 만들어진다. 나는 꽤 참을성이 좋다. 그것 때문에 사람들과의 관계 안에서 몇 번 피곤해진 후로는 잘 참았던 만큼 잘 끊어낸다.

참는 행동이 나에 대한 외면이 되지는 않아야 한다. 나쁜 감정을 억지로 어딘가에 구겨 넣는다고 해서 나아질 것은 아무것도 없다. 슬픔이나 분노가 오히려 자신을 병들게 할지도 모른다. 현실은 동화가 아니고, 예쁘기만 하지도 않고, 낭만적이기만 할 수도 없다. 참는 게 이기는 것이라는 말은 어쩌면 동화 같은 이야기에서 더 어울리는 말일지 모른다. 살아내야 하는 과정에서 굳이 참아서 이길 필요는 없다. 참는 게 승리라면, 차라리 패배가 더 낫다.

무례한 사람의 가장 큰 특징이라면, 자신이 무례한 줄을 모른다는 것이다. 송곳 같은 말도 자기가 하면 솔직한 표현이 되고, 불쾌한 행동도 본인이 하면 친근함의 표시가 된다. 그런 이를 두고 당신 혼자서만 참고 있지 않았으면 좋겠다.

둔감하게 살아야 편안한 법이다. 예민하게 모든 것을 다 받아들이지 않고 단순하게 생각하며 살기도 힘든 세상이다. 쓸데없는 생각의 찌꺼기를 주는 사람에게는 참지 말고 당신의 울타리 밖으로 과감히 밀어내야 한다. 더는 가까워지고 싶지 않음을 표현해도 괜찮다. 그들에게 알려주는 것이다. 우리는 더 친밀해질 수 없는 사이임을.

말에 다치지 않도록

3

　잘못하고도 잘못을 인지하지 못하는 게 가장 큰 잘못이다. 개인주의가 당연하고, 사소한 것 하나라도 먼저 말하기 전에는 서둘러 물어보는 것조차 실례인 시대에서 자신의 궁금증을 위해 질문을 서슴지 않는 사람들이 많다. 나는 이왕이면 그런 사람들을 만나지 않도록 자리를 피하거나, 질문하지 않도록 입을 다물고 있는 편인데 그런 와중에도 꿋꿋하게 개인적인 질문을 던지는 사람들이 있다.

　거실 조명을 바꾸기 위해 조명 업체를 불렀던 적이 있었다. 집에 와서, 우리 동네에 본인이 가봤던 집안의 개인적인 사정을 샅샅이 알려주려는 대화가 이어졌었다. 물어보지도 않았는데 우리 아파트의 몇 층에 사는 부부는 청소를 잘 안 하고, 어떤 집은 강아지를 잘 안 돌보는 것 같고, 어디 집은 대출이 얼마이고, 누구는 남편이 어떤 회사에 다닌다 같은 쓸데없는 이야기들이었다. 심지어 자기가 사는 아파트에는 몇 층에는 누가 살고, 무엇을 하는 사람인지 말하는 이런 말들을 가만히 듣고 있기가 거북했다. 그리고 이어서 나와 남편에게도 질문들을 던졌는데, 불편한 척 자리를 피했다. 대답했다면 아마 우리 집에 관한 이야기를 다른 집에 옮기고 다니겠지 싶었다. 호사가를 만나는 것은 피곤한 일이고, 불편한 일이다.

"젊은 분들이라 이야기하고 그러는 거 싫어하시는구나? 원래 이렇게 서로 이야기하고 지내는 거예요. 이웃이잖아."

불편한 내색을 하자 대뜸 꺼낸 말이었다. 상대가 불편하다면 고쳐야 하는 게 정상적인 사고인데, '원래 그래'라는 말을 꺼내는 사고의 체계가 신기했다.

호사가들은 자신들이 호사가가 아니라고 말한다. 이 정도 이야기는 남들도 다 한다며 본인을 평범하다고 말한다. 결이 비슷한 사람끼리 모이기에 자신의 주변에는 그 정도의 사람밖에 없다는 걸 알지 못한 채 말이다.

남의 이야기를 여기저기 옮기기 좋아하는 동창도 있었고, 아침에 고민을 말하면 퇴근하기 전에 부서 사람들 모두가 내 이야기를 알게끔 확성기 역할을 하던 동료도 있었다. 돌발 상황처럼 마주치게 된 호사가들은 미리 거리를 둬야 안전하다. 그들에 의해서 일이 벌어진 후에는 수습할 수가 없다. 최선의 해결책은 나에 대한 작은 것이라도 그들의 관심의 레이더에 들어가지 않도록 예방하는 것이 제일 중요했다.

말이 없는 조용한 사람, 자기 이야기를 안 하는 사람이 되어야 삶에 잡음이 섞이지 않는다. 경계하면서 살 필요는 없어도, 조심하면서 살아가는 것은 필요한 법이다. 말이 파생되는 속도는 순식간이고, 말이 만들어내는 일은 감히 예측할 수가 없다. 그래서 우리는 최선을 다해 신중하게 골라서 말을 꺼내는 것이다.

어느 순간에 껍데기에 쏙 머리를 넣어버리는 달팽이처럼, 가끔은 피해도 괜찮다. 쓸데없는 말들 때문에 힘들어지기 전에, 듣지 않고 말하지 않는 게 편한 일이 될 때가 많다. 부디 당신이 가볍디가벼운 말이 만들어낸 모래바람에 휩쓸리지 않았으면 좋겠다. 당신은 알아서 잘하는 사람이지만, 그래도 애정 섞인 걱정을 건네본다. 부디 말에 다치지 말아 달라고.

선택하면 편한 것들에 대하여

3

 결국, 달라질 것은 없었다. 나는 지금도 그렇고 앞으로도 역시 무심함과 더 친할 것이었다. 나를 보호할 수 있는 벽을 만드는 일에 신경 쓰지 않으면 금방 무너지는 게 내 자존감이다. 감정의 평행선을 지키기 위해 생각을 추스르는 것만으로도 벅차다. 그다지 친하지 않은 주변 사람들을 챙기는 것은 미뤄두고, 내가 행복해질 수 있는 일을 하는 게 가장 중요한 일이 되었다. 이런 나에게 서운함을 토로하는 동창도 있었고, 그래도 자주 얼굴 보자고 연락하는 동기도 있었고, 자신에게 고민을 말해보라고 권유했던 선배도 있었다. 모든 것을 거절하고 집에서 조용한 노래를 틀어놓고 커피 한 잔과 함께 시간을 보냈다.

한때는 나도 억지로 시간 내서 지인들과 시간을 보내고, 사소한 것까지 기억하며 챙겨주고, 기꺼이 그들의 감정 쓰레기통 역할도 하면서 지냈었다. 당연히 해야 하는 일이라고 생각했다. 안타깝게도 그때의 나는 친구와 지인을 구별할 줄을 몰랐었다. 모두와 잘 지내려 노력하는 관계의 끝에서 피곤해지는 것도 나였고, 상처받는 것도 나였다. 그 덕분에 친구의 범위를 현저하게 줄이는 법을 알게 되었다. 알고 지낸 시간 같은 게 아니라 진심 어린 마음을 나눌 줄 아는 사람이 진짜 친구라는 걸 조금 늦게 깨달았다. 아직도 나는 몇 안 되는 친구들에게는 언제라도 내 시간과 마음을 나눠주는 일에 행복함을 느낀다. 다만 그때와 다른 점이라면 몇 명 없는 친구들이라서, 내 시간이 무척 늘어나게 되었다는 것이다.

역설적이게도 나는 사람이 좋지만 무섭다. 좋아서 어느 정도 가까이 갈 수는 있어도, 적당한 거리까지만 다가가는 게 편하다. 사람의 본성에 대해 선이 맞는지 악이 맞는지 고민하는 근원적인 복잡한 생각은 그만두고 싶다. 본성이 어떠하든지 나도 사람이고, 사람과 사람 사이는 간격이 있어야 편안하다는 결론을 내렸다. 보고 싶은 사람과는 때때로 살갑게 연락하며 지내면 되는 것이고, 보고 싶지 않은 사람과는 안 보고 지내면 되는 것이다. 등을 돌려 몇 발자국 혹은 수십 발자국 멀어지는 것은 꽤 합리적이고 편안한 일이다.

문득 내가 주변 사람들에게 무관심한 성격은 아닌지 고민하기도 했었다. 너무 바쁘게 살아가다 보니 내 몸 상태와 감정의 평온함, 가족의 안녕함 같은 것들만 신경 쓰고 지내고 있었다. 그게 아니라면 어떤 글을 써야 할지, 기획하고 있는 다른 작가님의 책의 편집 방향을 무엇으로 정해야 할지 생각하는 게 내 머릿속의 전부였다. 이외의 것들을 생각할 여력이 없었다. 나, 가족, 글 이렇게 내가 사랑하는 것들에게만 마음 쓰기에도 빠듯한 하루에서 다른 것까지 돌볼 능력이 부족했다.

달력에는 내가 집필하다가 깜빡하지 말아야 할 사항들이 빼곡하게 적혀있다. 출판사 운영에 관련된 사항이거나, 강연 일정에 관한 사항들이다. 원고를 쓰고, 출판사에서 일어나는 크고 작은 일을 조율하고 결정하고, 작가님들의 원고를 기획하고 편집하고, 강연을 나간다. 딱히 쉬는 날도 없고, 잠깐의 여유가 생기면 나와 남편을 챙기기에 바쁘다.

여러 사람을 더 챙겨볼까, 예전처럼 사람들과 외향적으로 지내볼까 생각하다가 고개를 저었다. 지금이 정신적으로 편안하다. 내 수용량이 이 정도라는 것을 인정했다. 괜히 무리해서 가깝게 지낼 수 있는 사람들을 늘리다가는 피곤함만 쌓일 것을 잘 알고 있다. 가족들과 가족 같은 친구 몇 명이 나에게 무리가 되지 않는 최대한의 수용 가능 인원이다. 나는 모두에게 좋은 사람이 되는 것을 진작에 포기했다. 다만 나 자신에게 정말로 좋은 사람이 되기 위해 노력하는 중이다. 누구보다 나를 사랑해주고 응원해주는 가족이 있고, 언제든지 전화할 수 있는 친구가 있고, 무슨 일이 있다고 하면 새벽이라도 달려와 줄 친구도 있다. 나는 그거면 과분할 정도로 충분히 행복한 인간관계를 가진 사람이다. 부지런히 연락하지 못하고 자주 만나지 않아도, 이런 나를 언제나 아껴주고 나 또한 아껴줄 사람이 있으니 더 욕심내지도 조급해하지도 않을 것이다.

누구나 저마다 사람을 담을 수 있는 그릇의 크기는 정해져 있다. 작다고 해서 나쁜 것도 아니고, 크다고 해서 무조건 좋은 것만도 아니다. 크기에 상관없이 중요한 것은 얼만큼을 담아낼 것인지 결정하는 문제이다. 앞으로의 시간 동안 품고 가도 마음이 껄끄럽지 않은 정도가 자신이 담아낼 수 있는 합리적인 수용량이다. 생각보다 삶은 길고, 해야 할 일은 무수하고, 하고 싶어질 일들도 많을 것이다. 그 시간의 흐름에서 진심으로 자신을 단단하게 만들어줄 꼭 필요한 사람들에게만 손을 내밀고, 그들의 손을 꼭 잡고 있으면 된다.

인간관계 때문에 자신을 고치려고 애쓰거나, 불편함을 감수하면서 무례한 사람과 어울리려고 하지 않아도 된다. 좋은 사람이 되면 좋은 사람이 오는 게 아니다. 이미 당신은 좋은 사람이다. 당신을 닮은 사람을 아직 만나지 못했을 뿐이다.

이제라도 진짜 인연을 찾을 용기를 가졌으면 좋겠다. 당신 곁에서 오래오래 다정함으로 남아있을 사람과 행복할 차례이다. 사람과 사람 사이는 복잡하고 연약해서 굳이 해답은 없다. 나를 나답게 아껴주고 존중해주는 인연을 찾아가는 과정일지도 모르겠다.

삶을 풍요롭게 해주는 사람과 같이 있으면 따사로운 사람과 오래 행복할 수 있는 방향으로 나아가길 응원한다. 불편하면 보지 않고, 좋으면 만나고. 선택은 당신의 것이다.

슬프지만 괜찮아질 일

∽

 멀어진 인연에 대해서 연연하지 않아도 된다. 미워하지도 말고, 후회하지도 말고, 그리워하지도 말며, 그저 보내줄 순간이다. 주변의 돌이나 나무를 대하듯, 시선도 마음도 오래 머물게 할 필요는 없다.

 그동안 충분히 아파했으니, 많이도 아쉬워했으니 그만하면 되었다. 이별이 다가옴에 대해서 논리적으로 설명이 안 되는 까닭은, 감정과 이성이 함께하지 않아서 그럴 것이다. 조금은 텁텁한 한숨 한 번으로 인연의 온점을 찍어주길 바란다. 슬프지만 괜찮아질 일이다. 다만, 이별일 뿐이다.

부부의 세계

글에 종종 등장하는 사람은 내 남편이다. 내 이야기를 자연스럽게 책에 담다 보니 글의 곳곳에 남편이 등장한다. 너무 남편 이야기가 많은 것 같아서 최종 탈고를 할 때면 그에 관련된 글을 일부러 몇 편씩 뺄 때도 있다. 그만큼 내 일상에 아주 큰 자리를 차지하고 있는 존재이기도 하다.

사실, 부부만큼 신기하고 복잡한 인간관계의 모양은 없는 것 같다. 전혀 다른 삶을 살아온 남이 가족이라는 형태로 만들어지는 것인데, 어떤 다른 관계보다 견고하고 단단하다. 반면에 단단한 만큼 깨질 수도 있어서 늘 노력해야 하는 존재이다.

부부의 형태는 다양하다. 아주 많은 부부의 모양 중에서 남편과 나는 둘도 없는 단짝 친구가 되어가는 중이다. 성향이 완전히 다른 사람끼리 결혼하는 경우도 있다고 하지만, 우리 부부 같은 경우는 비슷한 성향의 사람끼리 만난 경우다. 비슷하기 때문에 서로를 잘 이해할 수 있어서 좋은 점도 있고, 또 반대로 비슷하기 때문에 오히려 의견이 달라지는 경우도 일어난다. 매일 좋을 수만은 없고, 아무리 평생을 함께하기로 한 사랑하는 사람이라고 하더라도 다투지 않을 수는 없다. 둘이서 살아갈 삶을 위한 우리만의 규칙과 약속을 만들어내는 과정이었다. 신혼을 결혼 몇 년 차까지라고 하는 것인지는 모르겠지만, 우리도 신혼 때 여느 부부들처럼 최선을 다해 다투기도 했고 울면서 화해하기도 했다. 아무튼, 사랑이라는 게 우리의 결론이었다. 사랑하기 때문에 서로에게 상처 주지 않기 위해 최선을 다했다.

 모든 부부들은 저마다의 삶의 규칙이 있을 것인데, 우리도 그것의 완성 막바지 단계이다. 안정기라는 표현을 쓰고 싶지만 앞으로 어떻게 될지는 모르겠다. 남편과 결혼 생활이 평온하다고 말하면, 결혼한 지 오래된 언니들은 결혼이란 정전은 없고 오직 휴전만이 있다며 나를 놀리곤 한다. 그래서 앞으로 우리 부부 사이에 어떠한 다툼도 없을 것이라는 장담은 할 수 없지만, 꽤 윤택한 감정선을 유지하려고 서로 노력하는 것은 사실이다.

데이트하고 서로에게 사랑을 고백하는 게 가장 큰 할 일이었던 연애 기간을 지나서, 함께 일하고 삶의 모든 것을 의지하고 책임질 부부 사이가 되었다. 다시 신혼부부에서 안정적인 부부가 되면서 남편에게 느끼는 감정도 달라진다. 단순히 사랑하는 사람에서 '진짜 내 사람'이 된 것을 느끼곤 한다. 세상에서 나만큼이나 지금의 남편에 대해서 잘 아는 사람은 없고, 남편만큼이나 지금의 나에 대해서 잘 아는 사람은 없다. 서로에 대한 크고 작은 모든 것들을 나눌 수 있는 존재가 되었다. 우리는 아직도 하고 싶은 일이 많고, 해내야 할 일이 많다. 나와 남편은 구세대 매체들이 만들었던 현모양처(賢母良妻)나 현부양부(賢父良夫)는 아니다. 어떤 모습과 성격이든 간에 그런 서로가 좋다는 게 결혼생활의 가장 중요한 점이다.

결혼하고 반려견과 함께 여행을 갔었다. 푸른 잔디가 펼쳐진 숙소에서 노을을 보며 남편이 이런 이야기를 했었다.

"우리 사이에 사랑의 크기가 더 커질 수는 없다고 생각해. 정말로 너무 많이 사랑하고 있거든. 나는 내 전부보다 더 소중하게 당신을 생각하고 있고, 이제부터는 이렇게 큰 사랑이 더 단단해지도록 만들자. 풍선은 너무 크게 부풀면 터지기 마련이잖아. 우리는 지금까지 엄청 큰 풍선을 불어 놓은 거야. 이제 이 풍선이 터지지 않게 단단한 보호막을 만들 때인 것 같아."

그의 말이 맞았다. 사랑은 풍선 같다. 작은 고무에 숨을 불어넣듯, 사랑이라는 공간에 서로의 노력을 열심히 불어넣는 것이다. 조그마한 고무가 커다란 크기로 늘어나듯, 사랑 또한 노력한 만큼 커지게 된다. 아주 커다란 크기의 사랑이 작은 충격에 갑자기 터지지 않게 무슨 일이 있을지 모르는 상황을 대비할 안전한 보호막을 만들어주는 게 중요하다. 혼자만의 세상에서 나를 보호할 수 있는 벽을 쌓아두고 살았다면, 이제는 우리 둘이 만든 가정을 보호할 수 있는 벽을 만들고 있다. 세상의 소음과 오지랖에 휘둘리지 않을 우리 부부만의 두터운 담벼락을 세우는 중이다. 남은 이렇다더라, 다른 부부는 이렇게 한다더라, 누구는 이렇게 해준다더라 같은 소리에 아무 신경을 쓰지 않는다. 쓸모없는 소리에는 귀를 막고, 오직 두 사람의 소리에만 집중하며 살아간다.

남편은 사랑스러운 남자이다. 귀여운 장난도 많고, 다정한 사람이다. 그를 가만히 보고 있노라면 예쁜 사람이라는 단어가 떠오른다. 예쁘다는 형용사보다 남편을 설명하기에 더없이 알맞은 수식어는 없을 것이다. 그런 그와 하루를 보내고 있노라면, 시간이 금방 지나가 버린다고 느낄 정도로 즐거운 일이 많다. 소년 같기도 하고, 어른스럽기도 한 남자와의 결혼생활은 웃을 일이 언제나 함께할 것 같다.

평생에 걸쳐서 서로의 가장 친한 친구가 생긴 우리는 앞으로도 모든 걸음을 상의하면서 걸어갈 생각이다. 세상에서 나와 노는 게 제일 재밌다고 말하는 남편, 그와 함께하는 시간이 무엇보다 즐거운 나는 몇십 년 후에 어떤 모습일까 상상한다. 행복하게 잘 나이 들어가고 싶다. 부부라는 가장 가깝고 특별한 관계를 만든 사람과 언제까지 무사히 그리고 행복하게 살아가길 늘 소망한다. 많이 아프지 말고, 이왕이면 웃을 일이 더 많고, 어른스럽고 차분한 어른으로 함께 나이 들어갈 날들이 하염없이 기대된다.

나의 일상에 물들어 줘서
　　　　　　고마워

3

　어떤 사람을 만나요, 혹은 만나지 마세요. 가끔 이런 내용의 글이 있어도 이제는 시선을 뺏기지 않는다. 꼼꼼히 읽어보고 내 주변의 사람들과 비교해보기도 했었는데, 지금은 굳이 진지하게 읽지 않는다. 인연이라는 것은 오묘한 존재라서 어떤 말이나 이성적인 설명으로 이해되지 않는 무언가가 있다. 역설적이게도 필연적이면서 우연적인 게 인연이다. 아니라는 것을 알면서도 선택하고, 나에게 맞는 사람이라는 것을 미처 깨닫지 못한 채 스쳐 지나가기도 한다.

모든 인연의 시작이 그러하듯 어느 날 문득, 나와 어떤 관계를 맺게 될 누군가를 만나게 된다. 그 관계가 만들어낼 행방에 대해서는 굳이 정해놓을 필요도 없고, 걱정할 필요도 없다. 상상할 수 없을 만큼 행복할 수도 있고, 걱정했던 것이 우스워질 정도로 절망할 수도 있다. 사람이 하는 일은 무한하고 예측할 수 없다. 하물며 '사람들'이 만들어내는 일이 정적이고 작은 파동만 만들어낼 리는 만무하다.

어떤 사람을 만난다고 하더라도 결국 서로는 서로에게 셀 수 없이 많은 행복과 웃음, 또 몇 가지의 슬픔과 상처를 주고받는다. 완전히 나와 꼭 맞는 사람이라 하더라도 말이다. 한 명이 나빠서도 아니고, 다른 한 명이 바보 같아서도 아니다. 사람이기에 관계라는 모양 안에서 만드는 실수와 부딪힘은 당연함일 수도 있다.

부딪혀서 깨지게 된다 해도, 끈질기게 이어가는 인연이 있다. 반면에 작은 충돌 한 번에도 와르르 무너져 내려버리는 인연이 있기도 하다. 미리 알았더라면 어땠을지 후회할 필요는 없다. 그 누구도 인연의 모양을 미리 알 수 없는 일이다. 불안해 할 것 없고, 지금 내 옆에 있는 인연에게 그저 최선을 다해 아껴주고 애정하는 마음을 그대로 표현하면 된다. 고맙다고, 나의 하루와 일상에 물들어주어서 참 행복하다고. 그거면 충분하다.

언어의 모양

∞

 말에 대해서만큼은 예민한 편이다. 쉽게 툭툭 던지는 말 몇 마디여도 그게 선을 넘었다 싶으면, 뒷걸음질을 쳐서 멀어지거나, 그 사람을 아예 안 보고 산다. 서로에게 편하려면 안 맞는 사람끼리는 자주 보지 않거나, 아예 만나지 않으면 되는 것이다. 이 간단한 결정만으로도 삶의 질이 얼마나 좋아지는지 모른다.

 뱉어놓은 말에 대한 무책임한 태도가 더 속상하다. '그냥 장난이었는데 왜 이렇게 예민하게 굴어.' '나 원래 직설적이잖아. 이런 걸로 삐지는 거야?' 자신의 말을 할 때의 태도나, 발언이 갖게 될 수많은 파급력에 대해서 생각하지 않는 모습이 불쾌한 것이다. 오직 자기만을 생각하기 때문에 그렇게 좁은 생각과 언어가 나왔다고 생각한다.

입에 욕을 담지도 않고, 저급한 단어를 올리지도 않는다. 좋은 사람은 아니더라도 좋은 말이라도 할 줄 아는 사람이 되고 싶은 마음 때문이다. 습관적으로 욕설 같은 질 낮은 언어를 쉽게 사용하는 건 그만큼 말에 대해서 고려하지 않는다는 뜻이다. 두어 번만 생각한다 하여도 꺼내지 않을 단어인데, 그것을 입 밖에 쉽게 꺼내는 것은 상대에 대한 배려가 없는 것이다.

전에는 사람을 만나고, 친구를 사귈 때 성격이라던가 내 느낌을 따라서 판단했었다. 결과는 썩 좋지 않았다. 재밌는 사람이라고 생각했는데 모든 일을 가벼이 생각하는 친구도 있었고, 감정표현에 솔직한 친구라 생각했는데 오직 자기감정에만 충실한 사람이기도 했다. 그 후로 더는 내 감에 의지해서 친구를 사귀지 않는다. 말의 모양을 보고 신중하게 사람의 사귐을 결정한다. 그 덕분에 친구와 대화하다가 불쾌해지는 경험은 거의 하지 않게 되었다.

고운 말을 사용하는 사람들은 말을 조심히 생각해서 할 줄 아는 만큼, 마음을 신중히 나누려고 노력하는 것이다. 말은 던지는 게 아니라 건넨다는 아주 당연한 사실을 인지하는 사람들과 함께하는 시간은 언제나 즐겁다. 완벽한 사람이 될 수는 없어도, 말이 칼날이 되지 않도록 노력하는 사람이 되고 싶다.

새로운 사람을 만날 때 고려할 점이 각자 다르겠지만, 언어의 모양만큼은 주의 깊게 살펴봤으면 좋겠다. 인연을 소중히 대할 줄 알고, 애정을 주고받을 줄 아는, 고운 마음을 가진 사람만 만났으면 한다. 사람과 사람은 언제든 만나고 헤어지는 것이라고 해도, 날카로운 말 때문에 서로에게 상처를 남기면 오랜 후회로 남을 것이다. 안 좋은 기억으로 남지 않을, 그런 좋은 사람만 당신 곁에 함께 하기를.

행복해야 마땅한 사람

∞

 이해할 수 없는 것을 이해하지 않는다. 머리로도, 가슴으로도 도저히 받아들일 수 없는 것들에 대해서 연연할 필요가 없다는 걸 잘 알게 되었다. 분위기나 시선에 떠밀려서 나를 설득하는 불필요한 에너지를 쓰지 않는다.

 하는 일이 늘어나고, 책임질 것들이 생기면서 언제나 긴장감을 유지하면서 산다. 그 탓에 저절로 어느 정도의 피로도를 갖고 생활하는 것에 익숙해져 간다. 도가 지나칠 정도로 예의 없는 말을 들었을 때 예전 같았으면 사람 좋은 웃음으로 넘어가고 집에 와서 혼자 속상해했을 텐데, 지금은 그런 말을 왜 하는 것인지 물어본다. 조금씩 달라지는 내 모습에 나도 놀라면서, 잘하고 있는 것인지 늘 자문한다. 내가 조금 불편하더라도 전처럼 웃으며 상황을 무마했어야 했던 것은 아닌지 가정해보다가 고개를 젓는다.

함부로 나의 평온함을 침범하지 못하도록 더 간결하고 완고하게 관계에 대한 생각과 행동의 방향을 정립하게 되는 것 같다. 애초에 닿지 않으면 부딪힘도 생기지 않는다. 쓸데없는 일에 너무 관심이 많은 이에게 내가 관심거리가 되고 싶지가 않고. 남의 불행을 모아 자신의 자양분으로 쓰는 불행수집가들에게 내 슬픔을 안줏거리로 만들고 싶지 않다.

타인과의 관계와 나의 평화로움 사이에서 외줄 타기를 하듯 아슬아슬 걸어가는 기분이 들 때가 많다. 우연히 만나게 된 사람이 나에게 과분할 정도로 너무 좋은 사람이라 감사함으로 차오르다가도, 꽤 긴 시간을 알고 지내온 이의 변해버린 모습에 허무함을 느끼며 속상해하기도 한다. 고마움과 미움, 서운함이 서로 경쟁하듯 몸집을 키웠다 줄이기를 반복한다 알고 지낸 모든 사람과 다 친하게 지내고 싶고, 앞으로 알게 될 사람들에게 최선을 다해서 좋은 사람으로만 남고 싶어도, 그게 어렵다는 걸 잘 안다. 어떤 이와는 내가 먼저 멀어짐을 결정할 것이고, 누군가는 그들이 먼저 나에게서 등을 돌릴 것이다. 관계가 정리된다는 건 생각보다 마음이 불편한 일이다. 이제는 나와 상관없는 사람이라고 생각하려고 해도, 방금까지 나에게 상관있었던 기억이 짙게 남아있다. 자꾸 뒤돌아보게 되고, 힘들게 멀어진 발걸음을 되돌아서 가야 하는지 고민하게 된다. 그래도 되돌아가지 않고, 앞으로만 가기로 했다.

사람과 사람 사이에 대한 일에 대해 건강하고 일관된 사고를 하려고 노력한다. 바른 것을 선택하려고 하고, 아닌 것을 과감히 배제할 줄 아는 안목을 키우려 한다. 사람을 만나고, 사귀고, 지내는 것은 언제나 어렵다. 그 어려움을 감수하고서 인간관계를 위해 노력하는 것은 그만큼 사람에게서 받은 행복이 크기 때문일 것이다. 가끔은 관계에서 눈물짓더라도 사람으로부터 고마움도 느끼고 즐거움도 느끼며 많이 웃었으면 좋겠다.

조금은 강경하게 관계에 대해 결정해도 괜찮다. 대수롭지 않게 넘긴 인연이 끈끈한 우정이 되어주기도 하고, 스쳐 지나갈 것이라고 여긴 사람이 오래 남아있어 주는 벗이 되기도 한다. 그것이 인연인 것이다. 당신과 함께 행복해질 사람은 어디에나 기다리고 있을지 모른다. 그러니 유난스러울 정도로 자신의 마음을 챙기면서 사귐을 선택해도 된다. 당신은 행복해야 마땅한 사람이다.

결이 맞지 않는 사람

∞

 결이 맞지 않는 사람이 있다. 딱히 심성이 악한 사람이 아니라는 것도 알지만 가까이하는 게 꺼려지는 사람은 누구에게나 존재한다. 모두와 친해야 한다는 좁은 생각을 했을 때는 기꺼이 불편함을 감수하고 친하게 지내려고 노력했었다. 노력해도 안 되는 것이 있다는 것을 알았다. 성향과 취향이 다른 사람끼리 억지로 맞추는 것은 서로에게 무의미한 노력이 되는 경우가 많았다.

 언제나, 누구에게라도 어느 정도의 담을 만들어두는 편이다. 아무리 친하다고 해도 나에 대한 모든 것들, 예를 들어 사소한 걱정거리나 평소에 하는 생각 같은 것들까지 말하지 않는다. 완전히 가까워지는 것을 불편해하는 내 성격 때문에, 적당히 떨어져 지내는 방향을 추구한다. 참견, 조언, 충고는 가장 싫어하는 것들이다. 다 나를 생각해서 꺼냈다는 게 핑계로 다가올 뿐이고, 사소한 것까지 간섭하는 것은 불쾌함이다. 원하지 않는데도 하는 간섭은 고마움이 아니라 오히려 실례인 경우가 많다.

 인턴 생활을 하면서 만나게 된 동기가 있었다. 내 기준에서는 수다스러웠고 자신만의 생각이나 가치관이 부족한 사람이었다. 다정한 성격이라고 말할 사람도 있겠지만, 나에게는 과한 간섭이었다. 친해지고 싶다는 이유로 나에게 아주 개인적인 것부터 너무 사소한 것들까지도 물어보는 것을 거리낌 없이 했다. 객관적인 정보나, 이성적인 판단보다는 자신의 친구나 주변 사람들의 이야기가 그녀 세상의 전부였다. 넓은 세상을 살아가는데 자신만의 좁은 시야가 전부라고 믿고 살아가는 듯했다. 동기 중에서 누군가 새로 산 옷을 입고 왔다고 말하면, 제일 앞장서서 예쁘네 이상하네 앞장서서 평가하기 바빴다. 그러고는 자기 친구가 산 옷이 예쁘다는 생뚱맞은 이야기를 하기도 했다. 다른 동기들과 나는 그녀의 이야기를 듣는 것만으로 불편했다. 그녀의 모든 말의 근거는 '친구가 그랬다.' 이게 전부였다. 나쁜 사람은 아니었고, 업무능력 또한 뛰어난 사람이었지만 나와는 도저히 맞는 사람은 아니었다.

성인이 됐으면 혼자서 알아서 하는 것이다. 각자가 선택하고 하는 일에 대해서 딱히 맞고 틀리고가 없는 사항인데도, 그녀는 자신과 자기 친구들만 옳다고 믿는 듯했다. 그런 그녀와는 대화가 이어질 수 없었다. 그녀에게 평가를 당하지 않은 동기가 없었을 것이다. 늘 평가의 기준은 얼굴도 보지 못한 그녀의 친구였다. 무채색의 깔끔한 스타일을 좋아하는 나에게, 칙칙해 보인다며 자신의 친구가 입는 시폰 원피스를 사보라는 제안은 늘 그래왔듯 불편했다. 불편이 자주 반복되자 불쾌함으로 변질될 수밖에 없었다. 사소함이 쌓여 거대한 무엇이 되듯, 그녀와의 대화가 나에게는 커다란 스트레스가 되어있었다. 집에 가는 방향이 같았는데도, 그녀와 함께 지하철을 타고 싶지 않아서 일부러 다음 열차를 타고 갈 정도였다.

성품이 나쁜 사람이 아니라는 것은 안다. 내가 그녀의 행동에 대해서 객관적으로 그것은 나쁘다고 단정할 자격이 있는 것도 아니다. 다만, 나에게 그런 행동이 불편함을 넘어선 것이었다. 같이 일하면서 친해져 보려고도 하고 그녀에게 맞춰보려고 노력했었지만, 영 쉬운 일이 아니었다. 매일 출근 때마다 과하다, 촌스럽다, 칙칙하다 같은 평가를 받고 싶지 않았다. 퇴근길 지옥철이라 불리는 지하철에서 아무 대화 없이 이어폰 꽂고 조용히 가고 싶었던 것이지, 사람 많은 그 사이에서 대화를 나누고 싶지도 않았다. 요즘 트렌드와 자신의 친구들이 무엇을 입든 관심이 없다고 해도, 생각해서 말해준다는 이유로 그녀의 간섭은 멈추지 않았다. 그런 상황에서 남아있는 방법은 한 가지였다. '멀어지는 것.'

나만 피곤해지는 노력을 그만두었다. 대답하고 싶지 않은 질문에는 불편하다고 대답했고, 쓸데없어서 듣고 싶지 않은 이야기를 꺼내면 미안하지만 알려주지 않아도 괜찮다고 거절했다. 결이 맞지 않는 사람과 잠시 대화를 나누는 것조차 피곤한 일이라는 걸 그때 알았다. 나는 적당히 거리를 두고 행동했다. 그러자 그녀도 더는 나에게 과한 간섭과 충고를 꺼내지 않았다.

 당연히 인턴이 끝나고 연락한 적은 없다. 원래도 무심한 성격인 나에게 스치는 인연은 금세 잊히기 마련이기 때문이었다. 그러다가 어느 날 그녀에게 연락이 왔었다. 내 결혼사진을 올려놓은 메신저 프로필 사진을 본 모양이었다. 결혼 축하한다는 인사를 시작으로 메시지 내용은 이어졌다. 자신의 친구가 결혼사진을 찍은 스튜디오 색감이 더 예쁜 것 같다며, 자기에게 왜 사진 찍기 전에 말하지 않았냐며 아쉬워하는 내용이었다. 메시지를 보고 여전하다 싶어서 실소가 나왔다. 정말 오랜만에 온 연락인데 이런 대화라니. 사람은 정말 변하지 않는구나 싶은 마음에 신경 써줘서 고맙고 잘 지내라는 간략한 답장을 했다. 그리고 차단 버튼을 눌렀다. 굳이 이어갈 인연이 아닌 사람에게 미련이 남아있을 리가 없었다.

 미묘하게 불편하고, 껄끄러운 사람이 있다. 굳이 구체적으로 불편함의 이유를 찾아내기에는 아주 섬세한 이유인 것들이 중첩된다. 이 정도는 그냥 눈감아줘야 하는지, 이것 가지고 불편하다고 하면 너무 예민한 사람이 되는 건 아닌지 고민하지 않았으면 좋겠다. 상대가 고치려고 하지 않는다면 굳이 나 혼자만 불편함을 참지 않아도 되고, 다 이해할 필요는 없다. 애초에 맞지 않는 사람인 것이다. 예민한 사람이라서도 아니고, 참을성이 없는 사람도 아니다. 지극히 정상이라서 느끼는 것이다.

 도무지 나와는 결이 맞지 않는 사람이 존재한다면, 억지로 내 결의 모양을 바꾸려고 애쓰지 말고 거리를 넓게 두어야 한다. 짝이 안 맞는 퍼즐은 억지로 욱여넣다가는 결국 하나가 찢어지거나 망가지기 마련이다. 망가지기 전에 나와 맞는 사람을 찾으면 된다. 굳이 하지 않아도 될 고생을 하지 않았으면 좋겠다. 간단하고 명쾌한 한가지가 중요하다. 결국은 맞는 사람끼리 인연이라는 것.

고마운
내 친구에게

∞

 눈물은 전염성이 있을지도 모른다. 친구가 우는 걸 보면 나도 울게 되고, 내가 어쩌다 울면 친구도 따라 울곤 한다. 나의 가장 친한 친구는 내가 울 때면 이런 말을 했다.
 "울지 마. 네가 울면 이상하게 내 마음이 너무 아파서, 나까지 슬퍼져."

 나는 눈물이 많은 편이다. 슬퍼도, 아파도, 화가 나도 눈물이 먼저 나온다. 그런 나에게 유난히 힘든 일이 많았던 시기가 있었다. 가장 힘들었던 시기를 옆에서 지켜봐 온 친구는 곁에서 같이 슬퍼해 줬었다.

그녀는 내 결혼식에서 부케를 받았었다. 결혼식장에 입장하기 전까지 그녀가 당부했던 것은 울지 말라는 것이었다. 내가 울면 자기도 울 게 뻔하니 무슨 일이 있어도 꾹 참으라고 그랬다. 나는 정말로 울지 않았고, 그녀도 웃으며 내 결혼식을 바라봐주었다.

말하지 않아도 통하는 사이가 있다. 조금 떨어져 있어도 어딘가 이어진 듯한 기분이 들기도 한다. 내가 무슨 일이 생기면 신기하게 그녀에게 전화가 오고, 나도 문득 목소리가 듣고 싶어서 전화하면 그녀에게도 어떤 일이 생겨있었다. 둘 다 자주 전화하는 것도 안 좋아하고, SNS를 즐겨하는 편도 아니라 은은하게 연락을 취하며 지낸다.

그녀가 아니었더라면 나는 친구라는 존재에 대해서 의심을 하면서 살았을지도 모른다. 나 혼자 잘해주기만 하다가 끝난 친구 관계가 너무 많은 탓에, 굳이 우정 같은 것에 연연하지 않은 삭막한 사람이 됐을지도 모른다. 그녀는 한결같았다. 내가 재수생일 때, 핸드폰도 없이 재수학원으로 들어가자 편지를 보내주기도 했고, 건강식품을 사서 보내주기도 했다. 언제나 나를 믿어주고, 기다려주고, 응원해주는 존재가 가족이 아니고도 또 존재할 수 있다는 걸 알려준 사람이었다.

좋은 친구가 무엇인지 그녀에게 배운다. 내 삶을 뒤돌아봤을 때 언제나 같은 곳에 있어 주는 고마운 내 친구에게.

좋은 친구가 무엇인지 배운다.
언제나 나를 믿어주고,
언제나 나를 기다려주고,
언제나 나를 응원해주는 존재에게.
좋은 친구가 무엇인지를 배웠다.

그러려니 하면서

산다

3

  그러려니 하면서 산다. 짜증 내길 좋아하는 사람이나 불평불만이 습관인 사람을 만나면 대화하는 내내 나까지 기분이 안 좋아진다. 피곤하다고 투덜거리거나, 컨디션이 안 좋다고 하소연하거나, 자신의 직장 상사나 동료의 욕을 하는 것이 대화 내용의 전부이다. 한두 번이야 듣고 진지하게 위로해주지만, 셀 수 없이 반복되면 깊게 생각하지 않는다. 그냥 그러려니 한다. 피곤하면 알아서 피곤을 풀면 될 것이고, 아프다면 병원을 가면 될 것이고, 회사 욕을 아무리 하더라도 그 회사를 나오지는 않을 것이다. 습관적으로 투덜거리는 사람의 말을 굳이 깊게 생각할 필요가 없다는 걸 안다. 그런 사람들은 내가 들어주길, 혹은 반응해주길 바랄 뿐이다.

힘든 이야기만 잔뜩 늘어놓는 친구는 이왕이면 만나지 않으려고 한다. 만나게 되더라도 듣기만 한다. 그에 대한 해결책을 찾아주려거나, 호응해주려는 노력보다 정말로 '듣는다'는 행위에만 집중한다. 굳이 그 이야기를 이해하려 하거나, 애써 진심이 담긴 위로를 건네려고 노력하지 않는다.

살아내는 사람은 누구나 다 힘들다. 직장을 다니면 밥벌이하느라, 취업 준비를 하면 공부하느라 각각의 이유로 삶이 순탄하지만은 않다. 가끔 삶이 버거워서 의지할 사람이 필요한 이에게 어깨를 빌려주는 일을 마다할 사람은 없다. 서로 위로해주고 응원해주는 관계라면 친구의 힘듦을 나누는 일이 하나도 힘들지 않고, 불편하지도 않다. 그러나, 습관적으로 자기 이야기만 하면서 짜증 섞인 불평을 계속 듣는 것은 꽤 고역이다.

상대에게 자신의 감정 찌꺼기를 모조리 떠넘기는 게 습관인 사람과는 멀리해도 된다. 내 감정을 추스르기도 힘들고, 나에게 생긴 크고 작은 어려움을 이겨내는 것도 버거운 날이다. 굳이 자신을 희생하고 시간을 할애하면서까지 불필요한 일을 해주지 않아도 괜찮다. 아무에게나 착한 사람이 될 필요는 없다. 함께해서 언짢은 마음을 꾸역꾸역 참아내야 할 이유는 존재하지 않다는 걸 기억했으면 좋겠다. 남의 소음은 그러려니 넘기고 당신의 하루는 온종일 안온하길.

또 다른 인간관계

3

 본인을 미혼의 이십 대 남자라고 소개한 작가가 써놓은 글을 우연히 읽은 적이 있었다. 결혼은 연애와 다르게 헤어짐을 생각하지 않고 맞춰가는 것이기에, 생각보다 간단하고 쉬운 과정이라는 문장이었다. 서로 맞추기만 하면 결혼 생활의 갈등이 없으니, 사랑하면 결혼하라는 지침서 같은 말이 이어졌다. 나는 끝까지 읽어보려다가 말았다. 무엇이든 겪어보지 않으면 남의 눈에는 간단하게 보이는 것이 현실이었다. 본인이 해보지 않고 남이 결혼이라는 산을 넘는 과정만 본다면, 그런 말들로 결혼에 대해 설명하는 게 당연한 일인지도 모른다.

몇 줄로 설명할 수 없고, 몇 마디로 풀어낼 수 없는 게 결혼이다. 생판 남이었던 사람 둘이 어느 날 한 집에서 같이 살아가기로 한 것이다. 몇십 년을 자기만의 방식으로 살아왔던 두 사람이 합의점을 찾고, 결론을 도출하고, 다시 세부적인 것들을 협의하고, 논의한다. 결혼식장, 스드메라고 불리는 결혼식에 필요한 업체들 같은 것을 결정하는 문제는 결혼 생활에 비하면 정말로 별 게 아니다.

내 후배는 결혼 후 2년 후에 이혼하고, 이혼한 남편과 다시 1년 만에 재결합했다. 한 선배는 혼전임신으로 결혼했다가 남편의 불륜으로 3년 만에 아이를 데리고 이혼했다. 사촌은 이른 나이에 결혼해서 최근에 아이를 낳아 행복하게 잘 살아가고 있다. 사람 일은 예측할 수 없다. 더욱이 결혼에 대해서는 무어라 쉽게 얘기할 수가 없다. 생각보다 어렵고 복잡 미묘한 관계라 나조차도 남에게 결혼의 필요성이나 비혼의 적합성에 대해 함부로 말하지 않는다.

단지 부부 또한 하나의 인간관계의 모양이라는 것을 이

야기하고 싶다. 결혼에 대한 꽤 많은 질문을 받았었다. 자신의 연애담을 이야기해주고 이런 남자와 결혼해도 될까요? 혹은 삼십 대 후반의 나이인데, 일단 상대 조건만 맞으면 서둘러 결혼하는 게 좋을까요? 아니면 비혼주의자로 살려고 하는데 괜찮을까요? 나는 애달프게도 확실한 대답은 아무것도 해주지 못했다. 내 성향과 경험을 바탕으로 내린 결론은 내가 아닌 사람에게는 답이 될 수 없기 때문이다. 대신 늘 답변하는 이야기는 오롯이 스스로 책임질 수 있는 선택을 하라는 내용이었다. 배우자라는 새로운 관계를 만드는 것은 그 누구도 함부로 간섭할 수 없는 문제이다.

 타인의 시선에 쫓겨서 결정하지 말고, 남들의 참견에 흔들려서 급하게 답을 내리지 않아야 한다. 남의 이야기를 하기 좋아하는 사람들이 득달같이 달려들기 좋은 주제인 결혼은 남을 위한 행사가 아니다. 그렇게 거창한 것도 아니고, 절대 쉽고 간단한 것도 아니다. 오직 내가 나의 인생을 통틀어서 무엇보다 신중하게 내릴 선택의 일환이다. 부부라는 형태 이외의 다른 형태의 인간관계와 비슷하다.

어느 즈음에는 꼭 맺어야 한다는 적당한 때가 있는 것도 아니고, 의무도 아니고, 좋기만 한 것도 아니고, 나쁘기만 한 것도 아니다.

부부도 사람과 사람이 맺는 인간관계의 형태일 뿐이다. 특정 사고에 연연하여, 남의 말에 휘둘려서 선택하지 않았으면 좋겠다. 행복만 하고 싶어도 행복하기만 할 수 없고, 힘들 것으로 생각했어도 막상 그 안에 들어와 보면 별것 아니라 느껴지는 게 인생이듯, 모든 관계의 형태 또한 마찬가지다.

연연하며 살지 않아도 돼

3

언젠가 누군가 나에 대해서 안 좋은 소리를 했다는 이야기를 전해 들은 적이 있었다.

"아무한테나 다 잘해주지 마. 네가 잘해줘도 그걸로 못마땅해하는 애들도 있더라. 듣는 내가 다 화가 나서 한 소리 하고 나왔어."

내가 착한 척을 하는 게 싫고, 겉으로는 웃고 친절한 척해도 속으로는 내가 자기네들을 무시하고 있을 거라는 내용이었다. 그 말을 듣고서 씁쓸해졌고, 조금은 슬퍼졌다. 좋은 뜻으로 하는 행동마저도 누군가에게는 그렇게 받아들여지는구나 싶어서 허망하기도 했다. 불편하게 보려는 사람에게 무슨 말을 하고 어떤 행동을 하더라도, 결국은 부정적으로 생각하게 되는 것이었다.

 모두가 나를 좋아할 수 없고, 또 모두가 나를 좋아할 필요도 없다. 다만, 내가 친구라고 생각한 이들에게는 서로 좋은 감정만 주고 싶었던 것뿐이었다. 그것마저도 힘든 일이었다. 호의를 호의로 생각하지 않고, 상대가 꼬아서 판단하는 것까지 내가 어찌해볼 도리는 없었다.

 남의 시선을 의식하면서 피곤하게 살고 싶지 않지만, 삐딱하게 나를 바라보는 사람을 대할 때 어떻게 해야 하나 싶었다. 그렇다고 갑자기 내 성격을 바꿀 수도 없는 노릇이었다. 이왕이면 알고 지내는 사람에게 잘하려고 했던 이유를 떠올렸다. 깊은 인연이 아니어서 스칠 사이라 해도, 나와 함께하는 동안은 최선을 다해주고 싶었기 때문이었다. 좋은 사람이라는 칭찬을 듣고 싶었던 것도 아니었다. 사소하더라도 누군가에게 미안함을 남기게 된다면, 나중에 후회할 시간이 싫었기 때문이었다.

내 마음과 행동을 그대로 보지 못하는 사람들까지 신경 쓰면서 살 필요는 없을 것 같았다. 굳이 깊게 생각하지 않아도 될 사람들일 뿐이었다. 나쁘다 착하다를 따지고 싶지 않았고, 나를 설명하거나 오해를 해명하고 싶지도 않았다. 그들이 그렇게 느꼈다면, 그럴 수도 있겠다며 넘어갔다.

아쉽지만 어쩔 수 없는 일도 있다. 그런 일은 사람 사이에서 자주 일어난다는 게 속상하지만, 크게 연연하지 않을 수 있는 견고함이 생겼다. 살아온 방식대로 나답게 살아갈 생각이다. 굳이 필요 없는 사람들까지 연연하면서 살아가기에는 내 시간이 너무 소중하다는 걸 잘 알고 있기에.

늦어버린 말,
늦어버린 마음.

 말은 한 번 뱉어버리면 되돌이킬 수 없는 것이라 하기 전에 수많은 생각을 해야 한다는 걸 알고 있다. 아는 것인데도 불구하고 머리보다 먼저 나와버리는 말이 있다. 가시처럼 따갑고, 칼처럼 서늘한 말이 왈칵 쏟아지면 늦은 후회가 밀려온다.

 한글이라는 가장 어여쁜 언어를 가져다가 글을 쓰는 사람인데, 부끄럽게도 한글로 둔탁함만 남겨진 말을 뱉기도 한다. 아직도 내가 성숙하지 못한 사람이라는 증거라서, 그럴 때면 나 자신이 참 미워진다. 왜 그 잠깐을 참지 못했을까. 나는 이 정도 참을성밖에 없는 사람인 걸까 싶어서 며칠 내내 앓는다.

예전에 한 번 대학 동기와 크게 다퉜던 적이 있었다. 나이는 성인이었지만, 아직 생각의 성장 속도는 신체나이를 따르지 못했던 시기였을 것이다. 감정에 쉽게 치우치고, 남들의 말에 연연하고, 금방 풀 죽어버리는 그런 때였다. 무척이나 마음이 약해서 예민하던 시기에 사소한 언쟁을 하다, 결국에 그녀에게 상처가 될 말을 뱉고야 말았다. 발단은 성적 때문에 학업을 위주로 살아가야 한다고 주장하는 나와 젊은 날이라면 먼저 놀아야 한다는 그녀의 의견 다툼이었다. 나에게 왜 시시하게 사는 것이냐는 말도 듣기 싫었고, 자기는 주말이면 남자들을 골라 만난다는 어휘도 불편하게 느껴졌다.

"클럽 가서 놀 궁리할 시간에 책 펴고 공부해! 너처럼 자기 인생에 무책임한 애 처음 봐."

말이라는 것은 한 번 물꼬가 트이면 도무지 멈출 줄을 모른다. 막상 놀면 불안해서 공부하는 게 편하다는 말 한마디만 하면 됐을 것을 가지고, 그녀가 아파할 말을 기어이 찾아 푹 찌르고야 말았다. 금세 그녀도 날카로운 눈이 되어 나에게 화내며 말했지만, 사실 지금 내 기억에 남아있는 것은 하나도 없다. 그날의 분위기와 그녀의 표정, 그리고 내가 그녀를 아프게 했던 말만 또렷하게 남아있다.

그 후에 우리는 자연스레 멀어졌다. 수업이 겹치는 날에 같이 밥을 먹던 사이였는데, 각자 다른 친구와 밥을 먹었다. 더는 그녀가 나에게 와서 클럽도 안 가보고 뭐 했냐며 무용담을 늘어놓는 일도 없었고, 월요일이면 주말 동안에 만난 남자들 이야기를 듣지 않아도 됐었다. 나에게는 거북한 것들이 멀어졌으니 차라리 다행이라고 생각하면서도, 아이러니하게 늘 가슴 어디쯤이 불편했다. 누가 맞고 틀리고를 떠나서, 내 입에서 나온 말이 날카로운 무언가가 되어 그녀에게 꽂혔기 때문이었다.

지금 같았더라면 다시 친하게 지내자는 뜻이 아니라, 그저 미안하다는 말은 꼭 전했을 것이었다. 그녀가 좋아하는 커피를 한 잔 사주면서, 그때 말을 나쁘게 해서 미안했다고 전했어야 했다. 20대 초반의 나는 겁쟁이였고, 학기가 끝날 때까지 그녀에게 사과하지 못했다. 그리고 그녀는 휴학했다. 그 후로 나는 그녀의 소식을 알지 못한다. 굳이 찾아보려 하지 않았고, 그녀 역시 나를 찾을 생각이 없었을 것이다.

시간이 아주 많이 지났어도 사실 그때의 내 말에 대해 미안한 마음이 자주 스며든다. 한 번 참고 그런 말을 꺼내지 않았더라면 어땠을지, 너무 늦기 전에 사과했더라면 괜찮았을지 상상해보기도 한다. 후회의 무게는 무겁고, 무거운 만큼 힘듦은 내 몫이 되었다.

왈칵 쏟아져나온 물은 컵에 전부 담기지 못하고 흘러넘치고야 만다. 사람 사이에서 말도 비슷하다. 덜컥 쏟아진 말은 상대의 마음에 상처만 주고 아무 곳에도 담기지 못한 채 바닥에 흩어지게 된다. 그럴 때는 그대로 두는 게 아니라, 쏟아진 걸 닦아내야 한다. 처음처럼 원상복구는 안 되더라도, 흘러넘친 채 엉망으로 남겨두어서는 안 된다.

제때 사과하는 용기를 내지 못한 대가로 때때로 마음에 몸살을 앓는다. 나쁜 일은 겪지 않고, 반성하지 않고, 괜찮게 살아가고 싶은데, 마음처럼 되지 않는다. 생각하면 미안한 인연을 묻어두고 살아간다. 미안할 일을 애초에 만들지 않는 게 가장 좋겠지만, 변수가 늘 존재하는 삶에서 이제는 먼저 사과할 용기를 내며 살아가고 있다. 너무 늦어버린 마음은 전할 수가 없어서 슬픈 법이다.

꽃이 지는 게 아쉬운 까닭은

∽

 꽃이 지는 게 아쉬운 까닭은 안녕을 준비할 새도 없이 찾아오는 작별이기 때문이다. 느닷없는 헤어짐은 늘 아련함과 후회를 가져온다. 함께한 순간에 해주지 못했던 것들, 못해본 것들, 다음으로 미뤘던 것들이 연달아 머릿속에 찾아와서 마음을 잔뜩 헝클어뜨려 놓고 간다.

 준비된 이별이 흔할까. 언제나 이별은 교통사고처럼 갑작스럽고, 그만큼 아프고, 기나긴 후유증을 가져오는 법이다. 미리 알지 못했기에 더 큰 서러움이 찾아오고, 아직은 놓아줄 때가 아니었기에 무거운 미련이 마음에 남아있게 된다.

모든 계절을 다 돌아서 꽃은 결국 다시 꽃망울을 맺는다. 한 번만 피고 다시는 피지 못할 꽃나무는 없다. 그러니 아쉬워 말아라. 아픔을 가져오는 헤어짐의 조각을 쥐고 있노라면, 결국은 사라지는 법이다. 그렇게 다시 꽃이 피고야 말 것이다. 따뜻하고 사랑스러운 당신의 꽃이.

다정한 무관심

3

 '정'이라는 단어의 경계선이 모호하게 느껴질 때가 많다. 정이라는 단어의 경계선이 불편하게 느껴질 때가 더 많다. 동네 사람들끼리 친해지면 서로의 집에 있는 숟가락 젓가락 개수까지 서로 알게 된다는 말이 있다. 그 말이 과한 비유가 아닌가 싶었는데, 막상 들어보면 오히려 더 깊이 알고 있으면 알지, 덜 알고 있지는 않다. 어느 집 아들의 성적, 딸의 직업, 심지어 더 나아가 며느리나 사위의 직업과 구체적인 회사명까지도 꿰뚫고 있기도 하다. 도무지 이해가 안 가는 부분인데, 그것을 단순히 동네 사람들끼리의 정이 담긴 대화의 일부로 치부하는 게 만연하다.

거리 두기가 필수이고 그것이 예의인 시대에서 살고 있다. 남이 궁금하지 않고, 남도 나를 궁금해하지 않는 것이 어쩌면 현대 지성인으로서의 약속 같은 것이기도 하다. 그런 문화적인 변화를 받아들이지 않는 사람들은 어리석게도 인간관계에서 가장 피곤한 존재가 된다. 그리고는 정작 자신의 어떤 점이 남에게 불편함을 주는지 모른 채 살아간다.

엄마에게 어렸을 때부터 가족이 아닌 사람에게는 개인적인 이야기를 하는 게 아니라고 배웠다. 설령 그것이 꽤 착해 보이고 좋아 보이는 사람일지라도, 남은 남이라는 걸 알아야 한다고 그랬다. 엄마는 어딜 가나 늘 웃고는 있지만, 말하지 않는다. 혹자는 우리 엄마를 보고 조용하다고 말하고, 정 없는 성격이라고 할지 모른다. 엄마는 그런 남의 말에 귀 기울이지 않는다. 사람들과 이런저런 말을 섞다 보면 자연스레 내 남편과 자식에 대한 말이 나오는 것이 당연한데, 남에게는 가족의 자랑도 단점도 말하기 싫다고 그랬다. 남에게 성격 좋다는 말이나, 재밌다는 칭찬 같은 건 인생에서 중요한 것이 아님을 늘 강조했다. 나는 그런 엄마가 어디서든 멋있었고 좋았기 때문에, 엄마의 성격을 닮으려 노력했었다. 결국 말은 돌고 도는 것이고, 좋은 말도 나쁜 말도 언제 화살이 되어 돌아올지 모르는 게 삶이라는 그녀의 말을 명심했다. 집에서는 누구보다 아빠에게 애교도 많고, 장난기 많은 우리 엄마의 모습이 사랑스러웠다. 엄마 또래의 사람들에게는 엄마가 너무 벽을 두는 사람이라고 생각되었을지 몰라도, 지금을 사는 나에게는 그 모습이 가장 이상적임을 느끼곤 한다.

어딘가에서 나에 관한 이야기가 훌훌 날아다니지 않도록, 남에게는 되도록 내 이야기를 하지 않는다. 즐거웠던 이야기도 속상했던 이야기도 그냥 혼자서만 생각한다. 행복한 이야기도 질투라는 독이 되고, 슬픈 이야기도 약점이라는 부메랑이 되어 돌아올 뿐이다. 다정하고 좋은 이웃의 이야기는 드물다. 나에 대한 이야기가 가십거리로 치부되지 않게 입을 다물게 된다.

정 혹은 관심이라는 핑계로 허용하지 않은 선을 침범하려는 사람들에게는 침묵으로 대응한다. 정이 있기 때문에 서로를 지키기 위해 거리를 두는 것이고, 관심이 있기 때문에 서로의 행복을 바라며 깊이 파고들지 않는다. 그게 서로를 위한 마음이다.

조용한 응원만큼 따뜻한 마음은 없을 것이다. 시시콜콜하게 알려고 하지 말고, 굳이 타인의 삶을 간섭하고 이래라저래라 조언 같은 말을 건네지 않아도 된다. 어떤 일을 하는지, 어떤 계획을 하고 있는지 먼저 말하지 않는 사람에게 캐물어 가면서 도와주려 하지 않는 게 더 큰 도움이 되는 경우가 많다. 남에 대해서 잘 모르는 게 무관심이 아니라 그 사람을 지켜주기 위한 다정한 관심이다.

그저 흘러가는 대로

♡

 모르는 사람을 처음에 한 번 만나면, 그 사람에 대해서 당연히 알 수 없다. 몇 번을 만나봐도 성향이며 성격, 세부적인 것들을 면밀히 알아내기란 어려운 일이다. 만나고 대화하고, 말의 모양을 파악하고, 생각의 흐름의 물결을 느끼면서 막상 알고 보니 나와는 친밀한 관계가 될 수는 없겠다는 걸 깨달을 수도 있다. 그래서 처음에는 나와 꽤 괜찮은 사이가 될 수도 있겠다 싶었던 사람과 언젠가부터는 멀어짐을 선택하기도 하는 것이다.

사람들을 만났던 경험들이 쌓이면서 나는 조금 더 빠르게 안녕을 말할 줄 아는 사람이 되었다. 전에는 5번, 아니 10번을 만나봐도 그 사람과 내가 맞춰지지 않는 점이 너무 많다는 것을 깨닫지 못했다. 뒤늦게서야 알아채기 일쑤였다. 반면에 나이가 조금 더 먹은 지금은 5번 미만의 횟수로 그 사람과 나의 교집합의 크기는 파악할 수 있게 됐다. 굳이 부부도 아닌데 힘듦을 무릅쓰고 합집합이 되기 위한 노력을 금방 포기하는 지혜가 생겼다.

 지인이 나에게 이런 하소연을 했었다. 알게 된 친구가 초반에는 되게 친절하고 잘 해주다가 어느 순간부터 멀어진 것 같다고 그랬다. 아무리 생각해봐도 자기가 말실수를 했다거나, 잘못을 한 건 아닌 것 같은데 어떻게 해야 하냐는 질문이었다. 그녀는 그 친구와 다시 가까워질 방법을 물어봤지만, 나도 그건 알 수 없었다. 대신에 내 생각을 이야기했다.

 "초반에는 정말로 그 사람은 언니한테 잘해주고 싶었고, 잘 지내고 싶었을 거야. 나는 그게 가식은 아니라고 봐.

사람이니까 당연히 심경의 변화가 있었겠지. 언니에게는 말실수가 아니어도 듣는 것에 예민한 사람은 단어 몇 개에도 쉽게 상처받기도 하고 그렇잖아. 그리고 다른 이유로 언니랑 자기는 잘 맞지 않는다고 혼자만의 판단을 했을 수도 있지. 그건 언니 잘못은 아니라고 생각해. 그리고 그 친구분이 그렇게 판단했다고 해서 뭐라 할 수 있는 사람도 없어. 둘이 서로 친해질 사이가 아니었던 거야. 그렇게 생각하면 편해."

내가 뒤돌아 뒷모습을 보이며 걸어오기도 하고, 남이 멀어지는 뒷모습 덩그러니 바라보기도 한다. 잘잘못을 따져야 할 상황이 굳이 아니라면 그저 흘러가는 대로 놔두면 된다. 몇 번의 만남으로 서로를 다 알 수 없었던 탓에, 만남의 횟수가 쌓이고, 시간이 퇴적된 까닭에 멀어짐이 오면 아쉬움이 생겼을 수는 있다. 사람은 감정의 동물이니까, 만나면서 느낀 희로애락이 정으로 만들어지곤 한다. 정이 들었고 아쉽더라도 내가 뒤돌아 가고 싶다면 그게 괜찮은 것이고, 누군가가 나에게서 멀어진다고 하더라도 그것 또한 괜찮은 선택이다.

그다지 친하지 않았다고 하더라도, 사람과 멀어지는 경험은 꽤 무거운 심정을 가져온다. 조금은 아린 경험들이 반복되면서 우리는 정말로 내 곁에 남아있어서 행복할 사람들만 걸러낼 지혜를 얻게 된다. 아픈 만큼 성장한다는 말을 썩 좋아하지는 않았지만, 인간관계에서는 그 말 만큼 들어맞는 것도 없었다.

서로의 결혼식에서 부케를 받아주기로 약속했던 친구와 22살에 멀어졌었다. 많이 울었고, 이렇게 슬퍼도 되는 것일까 싶을 정도로 우울했었다. 유치원부터 중학교까지 같이 다녔던 동네 단짝 친구와 성인이 되고서 자연스레 연락하지 않는다. 같이 공동 저자로 책을 내자고 약속할 정도로 서로 의지했던 동료 작가였던 그녀는 내 연락을 받지 않는다. 이것 말고도 무수한 사람과 사람 사이의 얽혀서 끊어져 버린 연들에게 이제는 미련을 두지 않는다. 단지 고마울 뿐이다. 그리고 미안한 마음이다. 내 마음이 이만큼이나 훌쩍 자라나도록 도와준 이들에게 나도 마찬가지로 크고 작은 생채기 몇 개는 남겼을 것 같아서.

덕분에 나는 좋은 친구들이 곁에 남아있다. 함께 있으면 언제나 편안한 친구, 서로 좋아하는 작가와 책 이야기를 하다 보면 시간이 금방 흘러버리는 친구, 알고 보니 동향 사람이라서 어렸을 때 추억을 이야기하는 게 포근해지는 벗들이 생겼다.

누군가와 멀어져서 아파하고 있다면, 혹은 멀어지는 발걸음을 옮길 때마다 욱신거리는 심정이라면, 나는 당신을 응원해주고 싶다. 끝날 때까지 끝나지 않는 삶에서 나의 연이 달라지는 순간이 아프지 않다면 거짓말일 것이다. 분명한 것은 아파한 만큼 당신에게 행복이 되어줄 인연이 나타난다는 사실이다. 아플 것이고, 힘들 것이지만, 자책해서는 안 된다. 관계가 고장이 나서 작동되지 못하기 전에 멀어지는 게 어쩌면 덜 슬픈 선택이다. 조금 이른 작별이 힘들다 하더라도, 당신이 잘못한 게 아니다. 다음 인연을 만나기 위한 과정일 뿐이다.

내가 남에게 뒷모습을 보이며 걸어가기도 하고,
남이 멀어지는 뒷모습을 덩그러니 바라보기도 한다.

그저 흘러가는 대로 놔두면 된다.

남겨질 인연은 필연적으로 당신 곁에 있을 테니.

그저 흘러가는 대로.

당신이 잘 지내면, 나도 잘 지냅니다.

어느 날 아침에 눈을 떴을 때 햇살이 꽤 예쁘다면
나를 스치듯 떠올려줬으면 좋겠습니다.
어떤 오후에 마신 커피 향이 좋다면
나를 잠깐이라도 생각해주면 좋겠습니다.
유난히 차가운 밤에 마음이 문득 쓸쓸하다면
나를 조금이나마 보고파 한다면 좋겠습니다.

당신이 안녕한지 궁금합니다.
당신의 안부를 묻고 싶다가도
이내 마음을 접는 이유는

내가 없어도 잘 지낼 거라는 걸 알기 때문입니다.
가끔,
아주 가끔 당신도 나의 안부를 궁금해한다면
나는 잘 지냅니다.
당신이 잘 있으면, 나도 잘 있습니다.
"Si vales bene, valeo."

[Si vales bene, valeo]
고대 로마인들이 편지를 쓸 때 썼던 말.

그래도
나답게

4장

-

그래도,
나답게.

4장

-

그래도,
나답게.

'나'를 바꾸는 실수

3

 칭찬에 연연하던 내가 있었다. 착하다, 이해심이 많다, 친절하다 같은 말들을 들을 때마다, 그 말에 어긋나는 행동을 하지 않기 위해서 노력했었다. 불편하더라도 참아야 하고, 무례한 말을 들어도 잘 웃으며 넘겨야 하고, 남의 부탁을 거절해서는 안 된다며 나 자신에게 강요했었다. '괜찮아요' '좋아요'를 입에 달고 살았던 나는 괜찮지 않았고 좋지도 않았다. 남이 해주는 의미 없는 칭찬에 나를 가둬놓고 바보처럼 살았다.

 남의 말에 맞춰서 행동하는 내가 과연 진짜 나의 모습일지 의문이 들었다. 진짜 나다운 모습은 무엇인지 알아가는 과정이 필요했다. 마음이 껄끄러운 것은 거절하기 시작했고, 불쾌한 말을 들었을 때는 불편한 내색을 했고, 내가 해도 괜찮을 일과 굳이 하지 않아도 될 일을 구별하고, 나에게 미안하지 않은 행동을 하려 노력했다. 그 과정이 순탄했던 것만은 아니지만, 성실하게 나와의 약속을 지키려 노력했다. 점차 단계적으로 나를 위한 삶에 초점을 맞춰갔다. 그러다 보니 이제껏 내가 '나'라고 알고 있었던 모습은 내가 아닌 게 많았다.

나는 종종 예민해지는 성격이었다. 그 탓에 말 한마디에도 더 민감하게 생각하고, 인간관계에서 무던히 넘어가지 못했던 것 같다. 그래도 예민하게 여겨지는 문제들을 사유하게 된 덕분에 다양하고 섬세한 글을 쓰는 일을 좋아하게 된 것 같았다. 글을 쓰는 일이 아무리 고되다 하여도, 내 적성에 맞는 일이라서 이 일을 선택한 것이었다. 그리고 여럿보다는 이왕이면 혼자를 좋아하는 사람이었다. 사람들과 모여 수다 떠는 일에 피곤을 느끼는 이유를 알게 되었고, 그다지 큰 의미 없이 여러 사람이 만나는 자리를 피하고 싶은 내 속마음을 정확히 알았다.

나는 내 곁에 있는 친한 사람들이 아니라면 이외의 사람들에게는 무심한 사람이었다. 수시로 연락하고 챙기는 것에 익숙하지 않았고, 굳이 만나고 연락하는 것에 대해서 시간의 효율성을 따지는 피곤한 습관이 있었다. 남녀노소 누구와도 쉽게 말을 놓지 않고 존댓말을 쓰고 있다. 아무나와 너무 편하게 가까워지고 싶지 않은 무서움 때문이었다.

지난날의 나를 돌아보면 내 원래의 성격과 반대로 지내려고 노력한 기억들이 더 많았다. 사람 사이에서 불편한 일을 겪어도 모른 척 넘어가거나 꾹 참으려고만 했었다. 여러 사람이 모여있는 자리에 가면, 그때그때 상황에 맞는 말을 이어가며 분위기 메이커가 되려고 노력했다. 별로 좋아하지도 않은 SNS를 들여다보며 주기적으로 그다지 친하지 않은 사람들에게 연락하려고도 노력했었다. 굳이 불편함을 참고 그런 일들을 하게 한 것은 '나'였다. 일상에 별 문제가 없는데도 어딘가 답답한 느낌이 들었던 이유를 그제야 알게 된 것이다.

자기도 모르는 사이에 자신을 가둬놓을 틀을 만들곤 한다. 삶의 흐름 같은 커다란 틀이 아니라 너무 세세한 것까지 맞추려고 하는 복잡한 틀을 만든다. 자신의 의사보다는 남의 시선과 평가에 맞추어서 제작한 틀에 자신을 구겨 넣으려고 노력한다. 남의 말이나 칭찬이 중요하지 않다는 건 잘 알지만, 그래도 의식하지 않을 수 없다는 이유로 너무 쉽게 자신을 다그친다. 남이 말하는 나와 진짜 나의 모습 간의 괴리를 알지도 못한 채, 점점 나다운 모습을 잊는 실수를 하는 것이다.

결국 어떤 나라도 이해해주고 응원해줄 사람은 '나' 자신이다. 타인의 몇 마디와도 바꿀 수 없는 게 나를 향한 진심 어린 응원이다. 조금 더 지혜롭게 살아가려 노력하고, 매일 더 진실하게 살아가는 자신을 굳이 바꾸려고 하지 않아도 된다. 충분히 잘 살아내고 있는 당신의 모습을 그대로 지켜줬으면 좋겠다.

진짜 당신다운 모습을 느끼고, 그것을 지지해 주는 단단한 응원의 마음을 만들기를 바란다. 자주 고민할 것이고,

혹여나 잘못된 것은 아닌지 걱정스럽겠지만, 함부로 남에게 맞추기 위해 '나'를 바꾸는 실수는 그만하면 되었다. 가벼운 칭찬에 휘청이지 말고, 뿌리 깊은 당신만의 모습을 찾아갈 용기를 응원한다.

아쉬움은 묻어두고서

♡

 어느 날 문득, 아무런 이유도 없이 몰아치듯 찾아오는 반성의 시간이 있다. 잘 덮고 지나온 줄 알았는데 불쑥 찾아온 생각들이 복잡하게 엉켜서 '어쩌면 내 잘못이었을지도 모르겠어.'라는 이상한 결론으로 끌고 가기도 한다.

 자기를 돌아보는 성찰의 시간은 분명히 필요한 것이지만, 굳이 자신의 잘못이 아닌 것을 가지고 잘못이라 착각하지는 않아야 한다. 그럴 수밖에 없었기에 선택한 행동이 있다. 지나고 나서야 결과를 알기에 '차라리 그때의 내가 이랬더라면'하고 후회를 할 뿐이다. 그걸 가지고 괜히 자신의 잘못으로 몰고 갈 필요는 없다.

아쉬움을 잘못과 헷갈리지 않았으면 좋겠다. 굳이 하지 않아도 될 자책으로 당신의 자존감이 다치지 않아야 한다. 당신은 잘 해왔고, 최선을 다하며 살아왔다. 지난 시간이 아쉽다고 해서 지금의 당신을 작게 만들어서는 안 된다. 아쉬움의 한숨 한 번에 넘겨도 될 지나간 일일 뿐이다.

희미해진

　　자신에게

3

  살아감이라는 행위에 대해서 종종 고민하게 된다. 전에는 '잘 살아간다'는 의미에 대해서 흘러가는 시간을 보람 있게 채워가는 일이라고 생각했었다. 그 생각은 지금도 유효하게 작용하고 있지만, 무언가 더 추가된 게 있다면 실수에 대해서 관용적인 태도를 가져야 한다는 점이다. 누구나 처음 살아보는 삶인데, 그 길을 걸어가고 있는 나에게 언제부터인가 '최선을 다해서', '실수하지 말고' 같은 압박을 주고 있었다. 열심히 살아가는 것은 당연하고, 옳은 생각이지만, 열심히라는 단어가 무조건 다 잘하고 완벽하다는 뜻이 될 수는 없다.

나의 지난 시간들을 뒤돌아봤을 때 꽤 열심히 살았다고 할 수는 있지만, 그렇다고 해서 대단히 효율적인 선택들을 한 것은 아니었다. 자주 넘어졌었고, 꽤 크게 다친 상처들도 있어서 흉터가 깊게 파인 것도 있었다. 그럴 때마다 과거의 나를 원망하고 자책했다. 왜 이런 실수를 한 것인지, 내가 너무 모자란 사람 같아서 스스로가 싫어질 정도였다. 옆을 보면 수월하고 현명하게 잘 걸어가는 사람들이 넘쳐나는 것 같은데, 그에 비해서 나는 형편없어 보였다. 이곳저곳에 멍이 들어 있는 건 내 다리만 이런 모양일 거라는 착각을 했었다.

 의기소침해져 있을 때 나는 아빠에게 내가 잘살아가고 있지 못하는 것 같다는 고민을 말했다. 무언가 하려고 노력은 하는데, 이렇다 할 결과가 없는 삶인 것 같다고, 왜 자꾸 실수만 하는 것인지 모르겠다고 말했다. 아빠는 내 고민을 들어주시더니, 괜찮다는 위로의 말 대신 자신의 지난 삶의 흉터들을 보여주셨었다. 언제나 나에게 가장 강하고 멋진 존재에게도 넘어짐의 과정이 있었다는 게 새삼 놀라웠다.

"누구나 넘어지고, 실수에 대한 책임으로 흉터를 갖고 살아가게 돼. 그게 잘못은 아니야. 너무 어렵고 복잡하게 생각할 것 없어. 단지 살아온 흔적이라고 생각하렴."

완벽하게만 살아가는 건 어려운 일이다. 넘어질 수 있고, 생각만큼 걸음의 보폭을 넓히지 못할 수도 있다. 차근차근 시간이 필요할 뿐이다. 너무 서둘러서 뛰어가려다 보니 튀어나온 돌부리를 보지 못했을 뿐이다. 넘어가야 할 실수를 곱씹거나, 걸어온 시간을 헛되게 썼다는 착각은 하지 않아야 한다. 한 번의 실수일 뿐이다. 그 실수로 인해서 나 자신을 깎아내리는 바보 같은 생각은 하지 않아야 한다.

걱정이 많아지고, 불안이 생겨나고, 그로 인해 무엇이든 완벽하게 잘 해내고 싶은 욕심이 생기기 마련이다. 잘하려는 마음을 가졌다는 사실만으로, 또 잘하기 위해 노력했던 시간만으로도 대견한 일이라는 걸 스스로 알았으면 좋겠다.

너무 복잡하게 생각하면 괜찮다고 넘어갈 일도 괜찮지 않다고 꼬집게 된다. 괜찮지 않을 게 없다. 자신에게는 조금 더 편안하고 너그러운 마음으로 이해하며 살아가도, 충분히 잘 해낼 당신이란 걸 안다. 살면서 가장 중요한 자신을 굳이 힘들게 몰아세울 필요가 없다. 걸음이 엉키지 않게, 걱정하고 후회하다 머뭇거리지 않게, 희미해진 자신에 대한 믿음을 또렷하게 하고 계속 나아가길.

"걱정이 많아지고, 불안이 생겨나도,
모두 잘하고 있다는 뜻일 테니."

내 다음 걸음에 대한 믿음

∞

사람은 살면서 무수한 터닝포인트를 만나게 된다. 사람이 될 수도 있고, 사건이 될 수도 있다. 그게 무엇이든 아마 삶의 모양을 바뀌게 할 만큼 영향력이 있다는 게 공통점일 것이다. 아무리 사소한 말이라 하더라도 세상을 바라보는 관점이 바뀌게 될 만큼의 파장을 몰고 오는 경우도 있다.

나도 꽤 커다란 터닝포인트를 만났었다. 결혼하고 나서부터는 특히 나의 존재성에 대한 발언에 대해 더 예민해진 상태였다. 말한 사람은 별생각 없이 딱히 나쁜 뜻은 아니었겠지만, 나에게는 꽤 큰 파도를 불러일으켰다. 나는 늘 연필을 잡고 글을 쓰고, 키보드로 원고 집필을 하는 사람이다. 그래서 키보드에서 손톱이 미끄러지는 느낌이 싫어서 이왕이면 손톱을 짧게 유지하는 편이었다. 20대 중반에는 친구들과 함께 네일아트에도 관심이 많았지만, 바빠지면서 웨딩 촬영이나 심지어 결혼식 때에도 손톱을 꾸미지 못하고 갈 정도로 영 신경을 쓰지 못하고 있었다. 다른 골격에 비해 손목이 유난히 가늘고, 손에도 살이 잘 찌지 않아서 손가락의 뼈가 다 드러나 보이는 형태이다. 그런 내 손을 보고 누군가 이런 말을 했다.

"원래 여자는 밥하고 살림하려면 손톱에 매니큐어 같은 거 칠하면 안 돼. 새댁은 잘하고 있네. 아이고 이렇게 손목이 얇아서 어떻게 집안일 하려나 걱정이네. 뼈가 약하면 몸이 약한 법인데, 자꾸 아프다 하면 남편들은 다 싫어한다? 그러니까 아파도 참고 집안일 해. 하다 보면 살림도 늘어."

그 말을 들은 날, 자존심이 너무 상했었다. 자존감도 흐트러질 것 같은 기분이었다. 나라는 존재가 결국 밥하는 존재로 인식된다는 게 불쾌하기 짝이 없었다. 그날은 새벽 4시가 넘도록 잘 수 없었다. 남편은 자다가 깨어있는 내 모습을 보고 왜 아직 안 자냐며, 무슨 일 있냐고 물었지만 내 심정을 쉽게 털어놓을 수 없었다. 결혼했다는 게 살림하고 밥하는 사람이 되었다는 뜻인 것인지. 그 사람에게 보이는 나의 이미지는 무엇인지. 옆에 있는 남편과 나는 무엇이 다르길래 나만 이런 말을 들어야 하는지. 새벽 내내 고민을 했지만 좀처럼 기분이 풀리지 않았다. 내 고민의 답도 역시나 나오지 않았다. 후로도 며칠간 자려고 눕기만 하면 그 생각들이 부유물처럼 떠올라서 불편한 밤을 보냈다. 문득 가슴이 답답해지려고 해서 거실로 나가 한참을 멍하니 앉아있다 오기도 했다. 남편의 손을 보면서 그 누구도 '반찬하고 요리하려면 손톱 같은 거 기르지 마.'라고 말한 사람은 없었다. 아직도 사회가 변한 것 같지만 그리 변하지 않은 모습에 나는 살아가면서 몇 번이나 실망해야 하는지 싶었다.

여자 손은 밥을 만들기 위한 손이라는 말은 꽤 오랜 기간 내 머릿속에서 파장을 일으켰다. 그리고 나는 내 삶에도 변화가 필요한 시기라는 걸 인지했다. 남편과 함께 출판사를 운영하고 있으니 둘 다 바쁜 상황이었고, 심지어 나는 두 권 분량의 원고작업을 하느라 말로 표현할 수 없이 바빴다. 그런 바쁜 순간에 네일아트 전문점에 예약 전화를 걸었다. 짧은 손톱 길이는 유지하되, 내 손에 맞는 네일아트를 다시 시작하기로 했다. 다음날에는 반찬가게에서 밑반찬들을 주문했다. 부엌에서 반찬을 만드는 시간을 아껴서 일에 더 집중할 수 있도록 넉넉하게 주문했다. 남편이나 내가 한 것보다 몇 배는 맛있는 음식들이 집 앞으로 배달되었다.

일과 성장이 먼저인 우리 부부에게 중요한 건 정성스러운 반찬이나, 지극한 서로에 대한 보살핌이 아니었다. 할 일이 너무 많은 둘에게 효율적으로 살아갈 현명함을 선택하기로 했다. 남편은 내 결정에 적극적인 찬성을 표했다. 밑반찬들은 외부에 맡기고, 시간이 나거나, 내가 만들어서 먹고 싶은 요리가 생기거나, 남편이 먹고 싶은 요리가 있을 때에는 음식을 하기로 했다. 유부녀이자 작가로서의 전환점을 맞이하게 된 것이다. 출판사를 운영하고, 원고를 집필하고, 다시 책으로 만든다. 해야 할 일도, 해보고 싶은 일도 너무 많은 내가 결혼을 했다고 해서 이 모든 일을 소홀히 하고 싶지 않다.

나와 남편 입맛에 딱 맞는 반찬가게를 찾았고, 주문하면 서비스를 받을 정도로 단골이 되었다. 시간의 여유가 생기면 남편과 함께 깍두기를 담거나, 장아찌 만들기에 도전하기도 했다. 남편의 요리 실력도 점점 늘어가고, 나도 제법 어려운 요리를 성공하기도 한다. 마음이 심란할 때는 몇 시간쯤 일을 내려놓고 네일아트를 받으러 간다. 키보드 위에서 꽤 화려한 모습으로 움직이는 손톱을 보는 것도 내 즐거움이 되었다.

유부녀, 집안일, 편견 같은 단어들이 모여서 파생시킨 남들의 무의미한 말로 불쾌해지고 싶지 않다. 내가 살아갈 작가 인생에서 사고의 흐름을 끊기게 만드는 불편함들을 멀리 미뤄 놓기로 했다. 나를 존중하고 위해주는 남편이 있고, 모든 일을 잘 해내고 싶은 내가 있기에 나와 우리의 삶에 아무런 문제가 되지 않는다는 걸 잘 알았다.

생각 없이 꺼낸 무가치한 말이라는 걸 알아도, 그 몇 마디가 살아가는 일을 방해할 때가 있다. 나와 상관없다는 사실을 인지했다고 해도, 아무렇지 않게 흘려보내는 것은 어려운 일이다. 상한 음식을 바로 뱉지 못하고 삼키게 되는 경우도 있다. 그렇다고 해서 평생을 아파야 하는 경우는 없다. 분명 아프긴 하겠지만, 시간이 지나고 약을 먹으면 언제 그랬냐는 듯 멀쩡해지는 것이다. 상한 음식 같은 말을 뱉지 못했어도 괜찮다. 충분히 앓다가, 약이 될 수 있는 '나의 다음 걸음'에 대한 믿음이면 괜찮아질 것이다.

남이 나를 쉽게 무너뜨릴 수는 없다. 그러니 우리는 당당하게 그리고 의연하게 버텨내고 잘 살아낼 거라 믿는다.

내 안의 우주

3

  나에게 하나둘씩 생겼던 고민과 불편함을 잘 삼켜내고 있었다. 가끔 목 끝까지 올라와 금방이라도 터져버릴 것 같을 때도 나는 한 번 숨을 깊게 쉬고 잘 밀어내었다. 온전하게 괜찮은 것은 아니더라도, 굳이 끄집어내지 않으면 적당히 괜찮은 척 할 수 있을 것 같았다. 고민이나 부정적인 생각들을 꺼내는 것은 괜히 긁어 부스럼을 만드는 것 같기도 했고, 내 힘듦은 보잘것없는 것일지 모른다는 생각 때문이었다.

적어도 나는, 나를 그렇게 대해서는 안 됐었는데 말이다. 내 작은 불만도, 사소한 서러움도, 대단치 않은 서운함도 다 짚어주고 풀어줬어야 했었는데 어리석게도 내 안의 소리에 귀를 닫기에 급급했다. 안락함과 평온함은 나의 인내에서 온다고 생각했다. 내가 참아야만, 모른 척 넘어가야만 마음의 평화가 유지되는 것 같았다. 적어도 마음에 구멍이 뚫린 듯 슬픔이 쏟아지지 않고, 세상이 끝난 듯 천둥 번개가 치지는 않으니까.

어떠한 부분도 무너진 게 없어 보이는 말짱한 겉모습이었지만, 내 안은 곪을 대로 곪아있었다. 웃으며 말하고 있지만, 마음 어딘가에서는 항상 답답하고 불편했다. 그러다 셀 수 없이 참고 또 참아왔던 화들이 한꺼번에 터진 것이다. 과거의 일은 과거로 덮어놓아야 한다고 하지만, 도저히 나를 이렇게나 슬프게 만든 그 시간을 그렇게 눈감고 넘어갈 수 없었다. 참기만 했던 내가 언제까지나 참아야만 하는 사람이 되어있는 것 같아서, 더 나는 목울대에서 일렁이는 내 슬픔과 힘듦을 삼켜내지만은 않았다.

전에 누군가 그랬다. 참고 참다가 한 번 터지면 힘들어지는 것은 결국 자신이라고. 그 말이 맞았다. 내가 내 슬픔과 서러움을 담아놓는 그릇은 생각보다 컸다. 꽤 깊고 넓어서 한 번에 터져 나오는 양은 어마어마했다. 그 모든 무거운 마음들을 다 털어낼 수나 있을까 싶었다. 어디서나, 누구에게서나 하고 싶었던 말을 삼켰던 이유는 다 나를 위해서였다. 일이 복잡해지는 게 싫으니까, 큰 소리를 내는 게 익숙하지 않으니까, 내가 편하게 하자고 한 선택이 나를 좀먹고 있었던 것이었다.

참아왔던 말을 참지 않고 꺼냈고, 그간 서러움을 참기만 했던 보상으로 살뜰하게 자신을 챙겼다. 망쳐온 시간을 수습하려면 그만큼의 노력과 시간이 필요했다. 최선을 다해서 나를 돌보는 일에 익숙해지고 나서야 마음이 편안해졌다. 화낼 줄 모르고 일단 상황을 무마하려 했던 대가로 크게 열병을 앓은 것이다. 후련하기도 하고, 나에게 미안하기도 하지만, 그렇다고 바보 같았다며 자책하지 않는다. 나를 돌보는 방법을 몰랐기에 겪었던 시행착오쯤으로 생각하기로 했다.

내 힘듦을 사소한 것으로 생각했었다. 나를 아껴주기 위해서는 속에서 힘들게 내뱉는 서러움이나 속상함을 들어줘야 한다는 걸 알아도, 일단 무시부터 했다. 내 목소리를 무시하기 급급했던 사람은 나 자신이었다. 삶에서 가장 중심이 되는 것은 '나'라는 존재이다. 중심축을 잃으면 모든 것은 틀어지고 만다. 남의 기분이나 분위기보다 중요한 게 나라는 걸 자주 잊어버리곤 한다. 그 탓에 중심축이 약해지고, 삶의 곳곳에서 흔들리고 무너지게 되는 자신을 발견하게 된다.

남이 나의 우주가 되어줄 수는 없다. 내가 곧 나의 우주가 되는 것이다. 타인의 마음에 들려고 참아야만 했던 껄끄러움은 시간이 지나서 나를 아프게 하는 거대한 먼지가 되고 만다. 자신의 우주를 탁하지 않게 만들기 위해서는, 언제나 '나'라는 존재를 무시하지 않아야 하는 법이다.

더 나은 사람이 되기 위해

3

   표현하는 사람은 자신의 창작물에 대한 책임감이 있어야 한다고 배웠다. 내가 쓰는 글에 담은 메시지라던가, 글자들이 내포하는 내용이 세상에 나왔을 때 어떤 모습이 될지 한 번 더 고민하게 된다. 나는 글을 정식으로 쓰기 시작했던 때가 초등학교 1학년 때였다. 장난스럽게 재미로 쓰는 게 아니라 8살짜리 꼬마 아이가 덜덜 떨면서 백일장 대회에 나가서 글을 쓰곤 했으니, 글은 아주 옛날부터 나에게 진지한 존재였다. 삶에서 손꼽힐 만큼 소중한 존재였던 글이 어느 순간 나의 직업이 되었을 때, 창작에는 아주 커다란 책임감이 필요하다는 걸 느꼈다.

글은 단순히 글자의 모음이라던가, 나의 밥벌이 정도의 간단한 문제가 아니다. 글이 곧 내가 되고, 내 삶이 글이다. 그렇기에 살아감의 대부분의 시간 동안 글에 대해서 가장 많이 고민한다. 글을 잘 쓰는 사람이 되고 싶었던 시기가 있었고, 좋은 글을 쓰겠다고 다짐했던 시기가 있었고, 편안한 글을 쓰려고 노력하는 과정이 있었다. 그리고 지금도 나는 글에 대한 고민에 수시로 빠지고, 매일 조금씩 더 나은 글을 쓰기 위해서 노력하고 있다.

진솔한 글을 쓰고 싶다는 생각을 자주 한다. 예쁘게 꾸며진 설정된 사진 같은 글 말고, 조금은 부끄럽고 나의 사소한 감정까지 보여주더라도 내 삶의 일부를 꾸밈없이 그려내고 싶다. 사무치게 후회하기도 하고, 자신이 미워질 때도 있고, 가장 가까이 있는 사람과 다시는 보지 않을 것처럼 싸우기도 하고, 살아감의 현실적인 문제에 부딪혀 좌절을 맛보기도 한다. 이게 살아감의 일부분이라고 생각한다. 하루하루가 즐겁기만 할 수 없듯이 울퉁불퉁한 길을 걸어가는 내 모습도 가감 없이 표현한다.

언젠가 내 마음이 바닥까지 내려갔을 때의 소극적인 모습과 그것에서 다시 괜찮아지려는 발버둥의 시간을 글로 쓴다. 괜찮지 않은 날이 있고, 괜찮아지는 과정이 있다는 걸 말하고 싶기 때문이다. 좋은 순간만 있는 게 아니고, 반대로 슬픈 순간만 있는 게 아님을 보여주는 게 내가 생각하는 내 글에 대한 책임감이다. 자연스러운 감정의 변화를 말하고, 다양한 감정선에 따라 휘청이는 모습도 숨기지 않는다.

아주 예전에 한 독자님이 나에게 "작가님은 언제나 마음이 평화로우실 것 같은데, 저는 그렇지 않거든요. 제가 너무 바보 같아서 싫어요."라는 메시지를 보냈었다. 그때의 나는 세상의 모든 일에 통달하고, 다 이해하는 척을 했던 것 같다. 사실은 삶이 여전히 두렵고 어렵고 낯선 것들 투성이인데도 말이다. 독자분께 메시지 칸이 넘칠 정도로 빼곡한 긴 답장을 보내면서, 솔직한 작가가 되겠노라 다짐했다. '모든 사람에게 좋은 사람일 필요는 없어'라는 책을 출간할 때부터 나는 글에 내 이야기를 굳이 예쁘게 포장하지 않고 넣는 용기를 가졌다.

살다 보면 다양한 모습의 자기를 발견하게 된다. 의기소침해지기도 하고, 어떤 날은 화가 잔뜩 나 있기도 하고, 선인장처럼 가시를 세우고 예민해지기도 하고, 다른 날은 실수투성이인 것 같은 모습에 속상해하기도 한다. 그런 자신을 행여라도 미워하지 않았으면 좋겠다. 우리는 사람이고, 사람이기에 완벽할 수 없어서, 더 나은 사람이 되기 위해 최선을 다하는 것이다. 이렇게 부족함 많은 나인데도 내가 나를 사랑하고 있듯이, 당신도 당신을 진심으로 사랑해주길.

너무 많은 타인을
　　　　의식하지 않게

3

 어디에 시선을 집중하느냐에 따라서 마음의 에너지를 금방 소진해버리기도 한다. 시선이 바깥을 향해있는 것 같은 느낌을 받을 때가 있다. 평소에는 넘길 수 있었던 소음 같은 말이 덜컥 가슴에 얹힌다거나, 유난히 타인의 말이 잘 들리고, 괜히 사람들의 눈치가 보이는 순간들 말이다. 시선이 자신을 벗어나게 되면 금방 피곤해진다.

 이왕이면 시선을 나에게만 집중하려고 노력한다. 너무 많은 것들을 일일이 신경 쓸 여유도 없고, 그렇게 타인을 의식하며 살아갈 이유도 없다. 그다지 관계없는 사람들의 말은 어차피 흩어질 것이고, 기억에서 금방 희석될 의미 없는 단어들이다. 그냥 그러려니 하고 대단치 않게 생각하고 넘어가면 된다. 온전히 이해할 수 있는 사람들의 말만 소화하고, 사랑하는 사람들을 위해서만 노력하면 충분하다.

이미 당신은 잘하고 있는데, 그걸 느끼지 못해 타인의 소음에 민감하게 반응하게 됐을 것이다. 더 잘하려고 애쓰지 않아도 된다. 대견하다는 말로도 부족할 정도로 잘 살고 있는 당신이다.

느렸지만,

    그래서 더 단단하게.

3

  남편을 만나지 않았더라면, 나는 지금보다 더 자주 힘들어했을 것이다. 원래 갖고 있는 성격도 유약한 면이 있고, 정 때문에 끊지 못하는 인연도 여럿 있었고, 나를 주기적으로 스스로 미워해야 직성이 풀리는 나쁜 습관도 있었다. 그런 나를 강단 있는 사람이 될 수 있게 지지해준 사람이 남편이다. 내가 무슨 일을 하고, 어떤 모습이어도 다 괜찮다고 할 사람이 있다는 건 나를 한층 더 용기 있는 사람으로 성장시켰다.

연애 때나 지금이나 예쁜 하늘을 보면 꼭 사진을 찍어서 보내주는 남자인데, 사실 나는 이 남자의 다정함에 반해서 결혼한 것이 아니다. 그와 대화하면 신기하리만큼 단단한 자존감이 있는 사람이라는 게 느껴졌다. 자존감이 낮아서 자존심만 센 피곤한 성격의 사람들과는 달랐다. 높은 곳에 강하게 자리 잡은 자존감 덕분에 남편의 감정선은 꽤 안정적이었다. 화를 내거나 기뻐하는 같은 일차원적인 감정 말고, 직면한 일들을 풀어나가는 감정선이 그랬다. 조금 잘 되면 금방 나태해지려고 하고, 조금 힘들면 풀 죽어버리는 면이 전혀 없었다. 한결같았다. 사람이 이렇게나 일률적일 수 있을까 싶었다.

내 자존감은 굉장히 급한 편이다. 올라갈 때는 눈 깜짝할 사이에 빠르게 올라간다. 반대로 내려갈 때도 마찬가지로 너무 빨리 떨어져 버려서 문제였다. 일이 잘 풀리면 '역시 나는 잘해'라며 나를 추켜올리다가도, 잘 안 풀리는 시점이 오면 '내가 그렇지 뭐'라며 순식간에 자존감을 지하까지 떨어지게 했다.

결혼 후에 남편의 모습을 관찰하며 배웠다. 그의 자존감의 바탕은 경험이었다. 실패한 경험에서도 자신이 최선을 다해 마무리를 지었기에 본인을 쓸데없이 자책하지 않았다. 성공한 경험이라면 본인이 잘나서가 아니라 노력의 대가였다고 결론 짓고, 자신의 노력을 칭찬했다. 그의 생각의 근원에는 '나 때문에' 혹은 '나 덕분에' 같은 단어가 존재하지 않았다. 언제나 할 수 있는 만큼 최선의 노력을 했는지가 중요할 뿐이었다.

책이 나올 때마다 내 감정선은 롤러코스터를 탄다. 좋았다가 불안하고, 다시 무서웠다가 설레고, 그러다가 짜증이 나기도 하고, 곧 울음이 터질 것처럼 우울해지기도 한다. 그럴 때면 남편은 나를 꼭 잡고 달래준다.

"글을 쓰면서 후회 없이 노력했으면 그걸로 충분한 거야. 설령, 책이 베스트셀러가 되지 못하더라도 자기 탓은 하지마. 나머지는 그 책의 운명이야. 그 아이가 잘 해내도록 응원만 하면 돼."

모든 일을 나 때문이라고 생각하는 버릇을 고쳤다. 내 주어진 일과 시간에 최선을 다하는 것에만 집중한다. 나머지는 적당한 우연과 운명에 맡겨 놓기도 한다.

할 수 있는 최대한의 노력을 갖고서 목표까지 가는 과정 동안 자신도 모르는 사이에 자존감이 쌓인다. 느린 속도로 차근차근 쌓여서 올라가는 자존감은 쉬이 무너지지 않고, 삶을 지탱하는 큰 힘이 되어준다. 서둘러서 자존감을 쌓아 올리려고 성급하게 생각할 것 없다. 매 순간을 채워나간다면 어느 순간 높게 쌓인 자존감을 볼 수 있을 것이다. 당신이 얼마나 멋진 사람인지를 말해줄, 당신만의 자존감이.

자존감을 지켜주려면

∞

 나와 남편의 결혼생활이 언제나 행복하고 평화롭다가도, 가끔 속상해지는 건 사람들의 고착된 사고 때문이다. 나에게만 묻고, 남편에게는 묻지 않은 질문들이 있다. '살림하느라 힘들지?' 혹은 '시어머니께 전화는 자주 드려?' 이런 질문들 말이다. 남편에게는 '살림 잘하고 있어?'라는 질문이나, '장인어른께 안부 전화는 자주 드려?' 같은 말을 묻는 사람은 한 명도 본 적이 없었다. 남의 말은 별로 신경 쓰지 않고 넘기면 되지만, 껄끄러운 오지랖이라는 건 사실이다. 간섭하지 않아도, 우리 부부는 잘 살아가고 있다. 각자가 알아서 자기 부모님에게 때때로 안부 전화를 한다. 때때로 나는 시댁에, 남편은 우리 부모님에게 메시지를 보낸다. 엄마와 나는 길게 통화할 때도 있는데, 굳이 남편을 바꿔주지 않고 전화를 끊는다. 남편도 시어머니와 전화를 하면 본인 혼자서 통화하고 끊는다. 둘이 똑같이 자신의 부모님에게 연락을 취하고, 알릴 것을 알리고 서로 전달할 것을 전달하면서 편안하게 지낸다.

그렇다고 해서 남편이 처가댁에 무심하다거나 나쁜 사위인 게 아니고. 나 또한 시댁에 무심하고 나쁜 며느리가 아니다. 메시지마다 사랑한다고 말씀해주시는 시부모님들의 큰 응원을 받고 지내는 사랑둥이 며느리이고, 남편 또한 우리 부모님에게 언제나 사랑받는 사랑둥이 사위이다. 사위나 며느리가 하는 안부 전화만이 사랑 표현이 아님을 잘 알고 있다. 우리는 각자가 잘하는 방식으로 부모님들께 사랑을 표현한다. 나와 아버님은 책이라는 매개체로 시아버지와 며느리 그 이상의 애정과 다정함이 있고, 남편과 우리 아빠는 음악이라는 매개체로 언제나 서로를 향한 애정어린 마음이 있다. 그 덕분에 가족 구성원으로 스며드는 과정이 자연스러웠고 행복했다. 우리보다 더 깨어있고, 언제나 우리 부부를 먼저 배려해주시는 양가 부모님 덕분에 남편과 나의 결혼생활이 안정적으로 자리 잡을 수 있었다.

대부분의 내 주변의 결혼한 언니들이나 친구들도 합리적으로 생각하고 행동하면서, 행복한 결혼생활을 하고 있다. 다들 잘못된 문화를 인지하고 변화하려는 노력이 모인 결실일 것이다. 모두가 그렇게 잘 살아가면 좋겠는데, 슬프게도 결혼하고 자존감이 많이 무너졌다고 말하는 친구가 있다. 그녀는 주말부부로 살고 있다. 남편은 그녀에게 주기적인 안부 전화를 시켰고, 주말마다 본인과 함께 시댁에 가서 집안일을 하고 애교부릴 것을 강요했다. 결혼 후에, 연애 때와 180도 달라진 모습으로 자기 부모님을 챙기라고 성화인 남편 때문에, 자주 싸운다며 한탄했다. 결혼했으니 어른이 됐다고 생각해서 그런 것인지, 아니면 그동안 하지 않았던 효도를 일임할 부인이란 존재가 생겨서 그런 것인지는 모르겠다. 일하느라 쌓인 피곤함을 풀기 위한 휴일이자, 맞벌이 부부인 자신들이 같이 지낼 수 있는 시간을 그런 식으로 보내는 게 그녀에게는 늘 서글픔이었다.

그녀는 남편이 막무가내로 같이 가자고 졸라서 시댁에 가야 했다. 부모님이 그렇게나 걱정되고 보고 싶다면, 그녀의 남편 혼자 가서 본인이 직접 집안일 하고 애교부리면 될, 간단한 일이다. 정작 그녀가 시댁에 가면 진짜 자식인 남편은 무뚝뚝하게 아무 말도 안 하고 앉아있거나, 방에 들어가 누워있는 일이 허다했다. 누구나 쉬는 날에는 조용히 입 다물고 쉬고 싶다. 그녀도 마찬가지겠지만, 시댁에서 그녀는 애써 집안일에 손을 걷어붙인다. 그녀도 주말마다 자신의 엄마 아빠가 보고 싶었지만, 시댁에 간다고 성화인 남편 때문에 부모님 댁에 가는 것을 미뤘다. 그러다 가끔 남편과 함께 자신의 부모님 집에 가면 아무 말도 하지 않고 피곤한 티만 내다 오는 남편을 보게 된다. 남편도 본인의 부모님을 생각하고 보고 싶은 만큼, 부인도 같을 것이라는 걸 인지하지 못하는 이유가 이기심인지, 무관심인지 모르겠다.

친구의 이야기를 들으며 그녀가 얼마나 힘들었을지 싶어서 속상했다. 자기주장만 앞세우는 남편 때문에 자존심도 상하고, 부엌에서 일할 때는 당연하다는 듯이 자기 자식인 남편이 아니라 며느리만 부르는 시댁에 가면 자존감이 바닥을 친다며 눈물지었다. 시댁 어른이야 옛날 사람이라 그럴 수 있다 해도, 그걸 묵인하고 방관하는 사람이 남편이라는 게 그녀의 가장 큰 슬픔이었다.

배려하지 않으려고 하는 무심한 행동을 누군가로부터 당할 때마다 자존감은 다치게 된다. 유쾌하지 않은 부탁을 들었을 때, 그다지 어려운 일이 아니라는 것도 알고, 내가 해버리면 그만이라는 일이라고 생각할 수 있다. 하지만 그 부탁을 계속 들어주다 보면, 어느 날 내가 왜 이렇게 살고 있나 싶어서 마음이 바스러져 버리곤 한다.

혼자 살아도 충분히 행복할 삶에서, 함께 다양한 행복을 느끼고 싶어서 결혼을 선택했을 것이다. 그랬다면 적어도 배우자의 자존감은 건드리지 않는 게 단단한 부부를 만들어주는 것이라고 생각한다. 변화해야 할 것들에 대해서 기꺼이 받아드리고 인정하는 사람들이 더 많다. 알아서 자신의 삶을 충실히 살아가는 이들에게 오래된 문화를 답습하도록 권유할 필요는 없다.

나는 당신이 어디에서나 당당하고, 행복한 사람이면 좋겠다. 자존감을 지켜주려면 누군가가 허용할 수 없는 부탁을 할 때 거절할 줄도 알고, 받아들일 수 없는 오래된 사고를 정답인 양 말하면 그런 말은 무시할 줄도 알아야 한다. 적을 만드는 게 싫어서 늘 고개만 끄덕이다 보면, 적도 없지만 정작 자신이 원하는 삶을 잃은 채 살아가고 있을지도 모른다. 불편하고 마음이 상하는 게 있다면 말해도 된다. 당신의 삶은 오직 당신만의 것이다.

문득 나를 잃어가고 있을 때

3

 꽤 긴 터널을 지나왔다. 괜찮지 않으면서 괜찮은 척했던 사람은 정작 나였고, 내 마음을 돌볼 줄 모르면서 일단 눈앞에 보이는 일들에 매달리곤 했다. 어느 날 아침에 마음 어딘가가 고장이 났구나 싶었다. 집이라는 공간이 이질적으로 느껴졌다. 반려견의 아침밥을 챙겨주고, 정수기에서 물을 따르는데 평소와는 달랐다. 원고작업을 하기 위해 앉은 책상 앞에서 머리에 스치는 생각은 '지금 내가 뭘 하고 있는 걸까. 이렇게 아무것도 안 하고 하염없이 글만 쓰다가 내 청춘이 다 가버리면 어떡하지.'였다.

잠자리에 들기 전이면 귀에서 쿵쿵거리는 심장 소리 때문에 쉽게 잠들지 못하고 새벽까지 뜬 눈으로 있던 밤도 여럿이었다. 어쩌다 잠이 들어도 쉽게 깨버리곤 했다. 하릴없이 눈만 끔벅거리고 있으면 다시금 귓전에는 내 맥박 소리만 크게 들려서 가슴이 답답해지곤 했다. 이게 무슨 증상인지, 내가 나를 어떻게 해줘야 할지 아무런 생각이 들지 않았다. 인터넷으로 내 증상들을 찾아보며 부정맥 검사를 해봐야 하는지 진지하게 고민했었다. 작년에 쉬는 틈 없이 무리해서 집필했던 것이 원인인지, 아니면 나에게 슬픔으로 다가왔던 상처들을 돌보지 못해서 그런 것인지 알 수 없었다. 바보가 된 것처럼 나에게 내가 해줄 수 있는 게 없었다.

화가 많아졌다는 게 스스로도 느껴졌다. 전처럼 참거나 상황을 좋게 넘기려는 것에 노력하지 않았다. 누군가가 나에게 화가 섞인 말을 하거나 나를 화나게 만들면, 나도 똑같이 화를 내버리기 일쑤였다. 상대가 아무 말도 하지 못하게 몰아붙이듯이 큰소리로 인과를 따졌다. 나에게 이런 모습이 있었구나 싶을 정도로 생경했다. 참아왔던 화를 쏟아내기라도 하듯이 주저 없이 말을 내뱉는 내가 낯설었다. 나는 변하고 있었다. 유감스럽게도 좋지 않은 쪽으로.

먹을 것에 의지하게 되었고, 일상 리듬의 박자를 잊어갔다. 눈을 뜨자마자 로봇처럼 노트북을 열어 글을 써 내려가는 루틴은 반복됐지만, 생동감은 없었다. 외롭지도 않았고, 불안하지도 않았고, 슬프지도 않았다. 내 감정은 무(無)에 가까웠다. 그러다가도 한 번씩 울컥 올라오는 부정적인 생각들과 감정들에 신경질이 솟구칠 때도 있었다. 일상이 무너졌다면 나를 고쳐볼 생각을 했겠지만, 그럭저럭 일상은 잘 유지되고 있었다. 꼬박꼬박 글을 썼고, 일했고, 밥을 먹었고, 심지어 운동도 했다.

샤워하다가 잘 열리지 않는 헤어 팩 용기 뚜껑에 덜컥 슬퍼졌다. 평소라면 그다지 슬퍼할 일도 아닌데, 슬퍼서 눈물이 났다. 그제야 알 것 같았다. 내가 어딘가 잘못되었다는 걸.

나를 위해서 결정하고, 시간을 쓰고, 나 자신을 돌봤다.

나에게 붙은 수식어 같은 건 아무 상관이 없었다. 일단 내가 나로서 마음이 건강해져야 했다. 화나는 일이 있으면 화를 모으지 않고 바로 불쾌함을 말하고, 해야 할 말은 하고, 그때그때 나쁜 감정을 해소하고, 우울한 감정이 쌓이지 않는 습관을 들였다. 보고 싶은 사람이 생기면 가서 만났고, 먹고 싶은 게 생기면 찾아서 먹었고, 듣고 싶은 노래가 있으면 들었다. 그때그때 내 의견을 존중하려 애썼다. 꽤 복잡한 시간이 흘러 다시 전처럼 안정적인 감정선을 가진 내가 되었다.

아파 본 사람만이 아픈 사람의 심정을 이해할 수 있다고 그랬다. 정말로 잔뜩 앓고 나니 시야가 조금 더 넓어졌다. 삶이 혼란스러워서 문득 본인을 잃어가는 것 같은 기분에 휩싸이는 순간이 있을 것이다. 내가 그랬던 것처럼, 또 누군가가 그랬던 것처럼 괜찮지 않은 마음을 모른 척하기에 급급해 있을지도 모른다. 괜찮다는 말 몇 마디로 나아지지는 않겠지만, 괜찮아질 것이다. 삶이 해피엔딩의 영화처럼 모든 게 쉽게 해결되는 일은 없다. 그런데도 결국 다 제 모습을 찾아가듯 괜찮게 지내게 될 것이다.

문득 나다움을 잃어가고 있을 때, 내가 나의 모습이 낯설어질 때, 무서워하지 않아도 된다. 잘 살아내고 싶은 마음이 너무 커져서, 잠시 마음에도 몸살이 든 것이다. 따뜻한 이불에 들어가 한숨 푹 자고 일어나면 한결 개운해진 몸을 느낄 수 있는 것과 마찬가지이다. 충분히 쉬어주고 응원해줄 순간이다. 불안정한 감정의 골은 언젠가는 분명히 메워지기 마련이다. 지쳐버린 당신에게 말해주고 싶다. 곧 나아질 것이라고.

삶의

절취선

ന

  내 기준에서 맞고 틀리고를 논하거나 판단하지는 않는다. 내가 뭐라고 어떤 일과 현상에 대해서 그건 맞고 이건 틀렸다고 말할 자격은 없다고 생각한다. 다만, 나에게 좋고 나쁨은 명쾌하게 구별하며 살아가기 위해 노력하는 중이다.

  아무리 생각해봐도 나는 시끄러운 것은 불편하다. 큰 목소리로 수다스러운 사람, 시끄러운 음악, 사람 많은 공간 같은 것 말이다. 말 수 없고 조용한 사람, 잔잔하게 들려오는 조용한 음악, 사람은 거의 없는 한적한 공간이 좋다. 슴슴하고 조용하게 지내는 것이 나에게는 가장 편안한 행복을 가져다준다.

쇼핑하러 돌아다니는 것보다 조용한 카페에서 차 한 잔을 마시는 게 좋고. 굳이 특별한 날도 아닌데 자주 만나는 것보다, 알아서 각자 자신의 시간을 보내는 게 좋다. 정적이 가져다주는 차분함과 고요함이 만들어내는 무거움을 즐기곤 한다.

작가마다 작업 스타일이 다 다른 편인데, 최근의 나는 글을 쓸 때 이왕이면 아무런 음악도 듣지 않는다. 작은 생활 소음까지도 다 들릴 정도의 조용한 환경을 유지한다. 음가의 높낮이나 비트의 쿵쾅거림조차도 가끔은 방해가 되기 때문에 일체의 소리를 닫아놓고 작업을 시작한다. 나의 성향을 알아차린 것인지 반려견 크림이도 내가 노트북 앞에 앉으면 자기 장난감을 물고 혼자 놀다가 낮잠을 자러 침대로 향하곤 한다. 크게 노래 듣는 것을 좋아하는 남편도 이어폰을 꽂고 방으로 들어간다.

말이 너무 많아서 같이 있으면 정신 사나워지는 사람들의 만나자는 연락에는 전부 거절을 하고 있다. 한두 시간쯤 비우지 못할 정도로 바쁜 것은 아니지만, 그 한두 시간 때문에 며칠간 피곤해질 내 정신을 위한 일이다. 남의 뒷말이나 평가를 늘 달고 사는 사람이나, 공감되지 않은 주제들로 이야기를 늘어놓는 사람과의 대화는 너무 커다란 피로감을 가져온다. 먹기 싫었던 음식을 억지로 먹지 않아도 되듯이, 만나지 않아도 될 사람 역시 억지로 만남을 유지할 필요는 없다는 걸 잘 알고 있다.

나는 내가 이왕이면 많이 행복하면 좋겠다. 참는 게 당연하게 해야 할 도리라고 생각했고, 더 잘 참는 사람이 어른스러운 것이라고 여겼던 지난날의 나는 그다지 즐겁지만은 않았던 것 같다. 내가 싫고 불편했던 것들을 참으려고만 노력했던 삶에서 벗어나는 중이다. 턱 끝까지 차올랐던 말을 수도 없이 삼켰고, 가기 싫은 자리에 억지로 나가서 재밌는 척 웃음 지었다. 내가 인내하고 참았던 것으로 만들어진 대가는 '나로 인해 꽤 즐거웠던 남'이었지, 행복한 내가 아니었다. 이제라도 나는 내가 좋아하는 것에 더 몰두하며 살아가기로 했다.

내가 싫은 일에 단호해지는 것부터가 나를 위한 작은

응원이다. 좋은 것만 하면서 살아갈 수 없다는 것은 잘 알고 있다. 다만, 싫은 일만 억지로 참으며 할 필요는 더욱 없다는 것이다. 어른이 되었고, 어른스럽게 살아가는 것의 동의어가 잘 참는 것이라고 착각했었는데, 이제야 그것이 아니라는 것을 알았다.

자신도 모르게 '인내'라는 단어가 포함하는 범위를 아주 넓게 잡고 있을지 모른다. 혹자는 삶을 살아가려면 인내와 끈기가 있어야 한다고 말한다. 내가 추측하기에는 여기에서 인내는 목표로 향하는 과정에서 생기는 어려움을 참아내는 행위일 것이다. 그런 인내의 역할을 오해하고, 무조건 다 참아야 하는 것이라고 여기며 지내는 실수를 범하게 된다. 싫은 것은 멀리하고 피하는 것이지 싫은데도 불구하고 참아내야 하는 존재가 아니다.

참기만 하고, 이해해주기만 한 당신은 이제 조금 덜 참아도 되고 이해하지 않아도 될 것은 이해하려 애쓰지 않아도 된다. 당신이 좋아하는 것을 선택한다고 해서 이기적인 게 아니고, 당신이 싫어하는 것을 멀리한다고 해서 냉

정한 게 아니다. 자신을 위해서 이성적이고 따뜻한 합리성이 가져온 선택이다.

어디까지 내가 용인해줄 수 있는지에 관한 '좋다'의 기준선이고, 어디부터가 싫다에 해당하는 절취선인지 고민한다. 그 기준을 만들 때 고려해야 할 사항은 남이 어떻게 생각할지가 아니라, '내 마음이 편안한가'가 우선이 되어야 한다. 절취선을 만들었고, 과감하게 그 절취선 바깥의 사람들과 환경을 다 잘라내었다. 한결 깔끔해진 삶에 내가 집중해야 할 것들이 또렷하게 눈에 들어오기 시작했다.

흰 종이, 연필과 볼펜, 노트북, 몇 잔의 커피면 내 인생은 충분히 행복해진다. 집중해야 할 것들은 나와 내 글이었고, 내 삶을 지탱하는 것 또한 나 자신과 나의 글이었다. 이런저런 소음들과 굳이 없어도 될 사람들이 만들어낸 시끄러움과 나와 맞지 않는 환경에 자칫 흔들리지 않도록 다시금 마음을 다잡는다. 좋아하는 것들을 택하고, 세상에서 가장 좋아하는 나 자신을 위해 더 단단한 벽을 만들어낸다. 언젠가 내가 만들어놓은 벽이 너무 두꺼워지고 높게 올라가 있다 해도 상관없다. 그만큼 나를 방해하는 소음과 무례함이 많았다는 뜻일 것이다. 온전히 행복해지고 싶고, 더 깊게 글을 쓰고 싶기에 주저 없이 벽을 한 겹씩 쌓아 올려 나간다.

삶의 절취선을 만들었고,
과감하게 그 절취선 바깥을 다 잘라내었다.

그제야,
내가 집중해야 할 것들이 또렷하게 눈에 들어오기 시작했다.

나를 바라보는 연습

3

 나의 모자람을 발견하고 인정하기까지 꽤 많은 시간이 걸렸다. 내가 받았던 과외 선생님에게 과외를 받았던 친구도, 다녔던 학원의 같은 반 친구들도 모두 스카이라 불리는 명문대에 합격했다. 나만 재수생이 되었다. 창피한 이야기지만, 나는 내가 똑똑한 사람이라고 착각하던 때가 있었다. 성적도 곧잘 나왔고, 장관상이나 교육감상 같은 큰 상들도 자주 수상한 편이었다. 재수는 나와 거리가 먼 이야기라 생각했던 때가 있었다. 스무 살의 나는 대한민국에서 유명하다는 재수학원에 대기 번호를 받고, 학원등록원서를 작성하기 위해 부모님과 함께 학원으로 향하고 있었다.

성인이 되고 하나 둘 씩 다 자신의 자리를 잡아가는 것을 봤었다. 나는 여전히 인생을 풀어나가기가 너무 어려운데 친구들의 인생은 왠지 쉽게 풀리는 것 같았다. 의사, 회계사, 선생님, 대기업 직원이 된 친구들의 뒷모습을 보는 것은 언제나 내 몫이었다. 한 번 늦어진 사람의 역전 기회는 흔치 않았다. 그때의 나는 친구들을 언제나 경쟁상대라고 생각했었던 것 같다. 내가 인턴 활동을 할 때, 대학병원에서 실습을 하던 친구가 부러웠다. 어떤 일을 해야 할지 진로에 대해 고민을 할 때, 대학교 4학년 때 바로 임용고시에 합격한 친구의 소식에 웃지 못했다. 나는 1차 합격을 위해 수험생활을 하고 있을 때, 회계사 2차 시험까지 합격했다는 친구에게 건넸던 축하 인사는 사실 거짓말이었다.

세상에서 똑똑한 사람이 이렇게나 많다는 것을 사회에 나가서 더 알게 되었다. 나는 우물 안의 개구리였다. 인턴을 하면서 만난 동기들은 영어뿐만 아니라 중국어 혹은 스페인어 까지 능통했다. 한국이 아니라 해외에서 공부를 하고 온 엘리트들 사이에서 자꾸 작아지는 기분이 들었었다. 아등바등 공부해서 겨우 따라잡는 노력파인 나와 다르게 어딘가 여유 있어 보였다. 문과적 지식과 과학적 지식 가릴 것 없이 해박한 사람들의 대화에 내가 끼어들 틈은 없었다.

 부러움도 많고, 욕심도 많은데, 그에 비해 능력은 부족했던 자신을 인정하지 못했다. 그런 내가 할 수 있는 것은 고작 나를 미워하고 원망하는 게 전부였다. 그때의 내가 나를 사랑하지 못했던 이유는 솔직하게 내 모습을 보지 못했기 때문이었다. 조금 모자라면 어떻고, 덜 똑똑하면 어떠냐고, 이렇게나 열심히 사는 내가 좋다고 간단하게 생각하며 넘기질 못했다. 바보처럼 친구들을 경쟁자로 생각했고, 내 주변에 잘 해내는 사람들을 보고 시기하기 일쑤였다. 힘들어지는 것은 나였다. 나의 모자람을 그리고 타인의 장점을 인정하지 못한 벌로 나는 오랜 시간 길을 헤매야 했다.

 미로처럼 돌고 돌아, 겨우 출구를 찾게 된 나의 삶에서 그제야 나를 그대로 바라볼 수 있었다. 착하고, 착한 만큼 마음이 약해서 부러움도 많고, 언제나 열심히는 하지만 욕심만큼 실력이 부족해서 힘들었던 사람. 있는 그대로의 나를 바라보게 되자, 내가 안타깝지도 않았고, 자만심이 느껴질 만한 장점도 딱히 없었다. 담백하게 자신을 알아갔다. 무엇이든 주어진 일에는 최선을 다하고, 감정변화가 금방 얼굴에 티가 나고, 요령은 부족하지만 썩 나쁘지만은 않은 사람. 그게 나였다.

나를 제대로 알고, 인정하고, 그런 나를 진심으로 좋아하게 되자, 내가 밉지 않았다. 안타깝지도 않았고, 더 잘해내 보라고 채근하고 싶지도 않았다. 평범한 내가 꽤 자랑스러웠고, 또 기특했다. 아주 어릴 적에 무모하게 꿈꿨던 만큼 4개 국어를 능수능란하게 하지도 못하고, 대한민국에 이바지할 만큼의 큰 기술을 연구하지도 못했다. 다만 나는 내 자리에서 언제나 최선을 다하며 살아내고 있다. 그것이면 나에게는 충분히 대견한 나 자신이었다.

갖고 있던 기대치에 나를 자꾸 대입했고, 비교하면서 자신을 힘들게 하고 있었다. 최선을 다하고 있어도 더 열심히 하라며 윽박질러야 성이 풀렸고, 타인과 비교를 하며 나를 더 작게 만들어야 발전할 것이라고 착각하고 있었다.

꽤 많은 실패와 좌절을 겪어야 했던 나도 나를 사랑하며 살아가고 있다. 대단한 사람이 아니라는 걸 알아도, 나는 내가 꽤 좋다. 단점이 많아도, 부족함이 있어도 괜찮다. 나보다 훨씬 잘 살아내고 있는 당신도 그랬으면 좋겠다. 자신을 조금 더 아껴주고 마음껏 사랑해주길 바란다. 충분히 잘 살아내는 당신을 스스로 인정해주지 않는 삶은 너무 외로운 법이다.

아빠를 닮아있네

3

세상에서 가장 존경하는 사람을 꼽으라면 나는 우리 아버지를 말하고, 남편은 시아버지를 말한다. 모두에게 자신의 아빠는 형용할 수 없을 정도의 영웅이다. 나는 아직 엄마가 되어본 적도 없으니 당연히 아버지의 삶에 대해서 정확히 알지 못한다. 다만, 내가 봐왔던 아빠의 모습을 보면서 감히 아버지의 사랑을 추측할 뿐이다.

아버지는 몇 년 전에 퇴임을 하셨고, 시아버지도 몇 개월 전에 정년퇴임을 하셨다. 자식으로서 퇴직이라는 단어에 대해서 아무렇지 않은 척 넘어가고 싶지만, 그게 잘 되지는 않았다. 아버지의 퇴임 소식을 말하는 엄마와의 전화에서 한참을 울었고, 시아버지의 마지막 출근 날에 함께했던 저녁 식사에서 나는 아무런 말도 하지 못했다.

우리 아버지도 그리고 시아버지도 자신의 모든 청춘을 바쳐서 바꾼 게 가족의 행복이었을 것이다. 직장에서 무슨 일이 있었어도 그저 사람 좋은 웃음을 지으며 집에 들어왔고, 놀아달라고 떼쓰는 우리에게 팔 벌려 기꺼이 세상에서 가장 즐거운 놀이동산이 되어주었다.

퇴직이라는 단어가 참 무거웠다. 여전히 똑똑하고 세상에서 가장 멋진 영웅인 슈퍼맨인 우리 아버지가 어느 날 갑자기 망토를 빼앗긴 기분이었다. 내색하지는 않았지만 나는 가끔 혼자서 아버지를 생각하면서 울었다. 사회에서 너무 멋있었던 그의 모습을 기억하기 때문이었고, 아버지 같은 사회인이 되고 싶었던 게 나의 꿈이기 때문이다. 언제나 유능했던 그를 닮은 딸이 되고 싶은 게 여전히 나의 목표이다.

남편도 아버지에 대한 이야기를 종종 꺼낸다. 본인이 가장 많이 닮은 사람이자, 앞으로 닮고 싶은 존재에 대한 이야기를 듣는 것은 나에게 소중한 시간이다. 남편의 SNS에 하나의 글이 있다. 자신의 증명사진이 올라간 글인데 내용은 '아들은 이제 아버지를 닮게 되고'라는 문장이 적혀있다. 유난히 외형적으로나 성격적으로나 아버님을 많이 닮은 남편이 어떤 마음으로 저 문장을 적었을지 짐작되었다.

모든 자식이 어른이 되어가고 사회인이 되면서 자주 아버지를 떠올린다. 감히 다 헤아릴 수 없는 시간을 어떻게 버티셨을지, 이렇게 어른이 되는 것이라면 아버지인 당신의 마음은 괜찮은 것인지 걱정이 되곤 한다. 평생을 해왔던 일을 끝마친다는 것이 커다란 상실감이 될지도 모른다는 생각을 했다. 혹시라도 그것 때문에 본인을 우울하게 만든다거나 스스로 작게 만들까 봐 걱정은 되지만, 또 다음 발자국을 멋지게 내딛으실 거라고 믿고 있다. 어렸을 때, 아버지의 목마를 타고서 동물원을 구경했었다. 너무 커다랗다고 생각했던 아버지는 지금도 나에게 아주 커다란 산 같은 존재이다. 언제나 뒤에서 나를 든든하게 받쳐주는 무엇보다 든든한 나의 큰 산이다. 그런 산이 쉬이 다치거나 무너지지 않을 것이다.

자식들은 아버지의 사랑을 머금고 살아간다. 세상의 모든 아버지의 마음을 감히 다 헤아릴 수는 없지만, 분명한 것은 무엇보다 큰 사랑이었다는 사실이다. 나는 언제나 감사한 마음을 품고 살아갈 것이다. 아버지의 청춘과 바꾼 나의 어린 날의 반짝임을 평생 기억하면서.

"자식은 이제 아버지를 닮게 되고."
"자식은 이제 아버지를 닮게 되고."
"자식은 이제 아버지를 닮게 되고."

하염없는 응원

3

 위가 안 좋아서, 조금만 신경을 쓰거나 스트레스를 받으면 금방 위경련이 오곤 한다. 한약도 먹어보고, 위에 좋다는 양배추즙을 먹어보기도 하고, 커피도 줄여보고, 이것저것 했었는데 여전히 위는 말썽이다. 병원에 가면 일단 스트레스를 받지 말라는 말을 한다. 의사 선생님의 말을 잘 듣고 싶지만, 요즘 세상에서 스트레스를 받지 않는 사람은 아무도 없을 것이다. 예전에 내가 스피치를 가르쳤던 초등학교 2학년 학생도 '선생님 요즘 저 너무 스트레스받아요.'라는 말을 달고 살았었다. 모두가 힘들게 지내는 시대에서 나만 힘든 것은 절대 아닐 것이다.

문제는 자꾸 고장 나는 위였다. 진경제의 복용량이 늘어나는 건 좋지 않다는 걸 알면서도, 일단 위경련의 통증을 없애기 위해 새벽에도 진경제를 꺼내 먹었다. 약을 삼키고 가만히 누워서, 무엇이 이렇게나 마음의 안정성을 깨트리고 있는지 생각했다. 몇 번을 해도, 늘 할 때마다 긴장되고 극도의 스트레스를 가져오는 것은 출간 때문이었다. 작가에게 한 권의 책이 나오는 건 아이를 출산하는 것과 비슷하다고 그랬다. 몇 달을 품고, 다독이며 애태우다가 세상으로 나가게 하는 것이니까. 실제 출산의 고통에 비할 바가 되지는 않겠지만, 매번 출간 때마다 긴장되고 힘든 것은 사실이다.

책이 나올 때마다 몸이 망가질 수는 없었다. 평생 글을 쓰기로 마음먹었으면, 그만큼 단단한 정신력도 필요했다. 내 출간의 불안함은 단순한 불안함일지 아니면 다른 무언가로부터 파생되는 것인지 천천히 느껴보았다. 새로운 책이 태어난다는 긴장감보다 더 크게 나에게 자리 잡은 것은 글이 사랑받지 못할까 봐 우려되는 마음이었다.

책을 쓰고 만들어낸 사람으로서, 그 책을 세상에 떠나보낼 만큼의 단단한 마음이 덜 준비되어 있었던 것 같았다. 더 깊이 생각하면 내 글을 아직 떠나보내고 싶지 않은 아쉬움과 걱정이 섞여 있었다. 출간 일정을 조금 뒤로 미루고 몇 번 더 원고를 읽었다. 전에는 혹여나 더 퇴고 해야 할 부분이 있을까 봐 평가하듯이 읽었다면, 이제는 틀린 것을 찾으려는 시선을 접고서 읽어 내려갔다. 그동안 나와 함께한 글자들을 마지막으로 눈에 담아보았다. 퇴고하느라, 교정하느라, 수없이 원고를 읽었을 때는 그만 보고 싶을 정도로 힘들었는데, 작별 인사로 읽어내는 원고는 애틋하기만 했다.

내 품 안에서만 있던 글들에게 용감히 세상에 나가도록 편안한 마음으로 인사했다. 한결 불안함이 줄어든다. 출간과 걱정은 떼려야 뗄 수 없는 사이라는 걸 안다. 아마 앞으로도 나는 불안해할 것이고, 가끔 위가 뒤틀리듯 아플 것이다. 그래도 점차 내 글들을 더 담대하게 세상에 보내는 법을 익혀나갈 것이다. 내가 쓴 글을 내가 믿지 않으면 누가 이 글자들을 아껴줄까 싶었다.

모난 생각을 어루만져주는 것은 애정이다. 온기 있고 부드러운 마음이 닿으면 결국 함께 부드러워지곤 한다. 걱정으로 울퉁불퉁해진 마음에 애정을 건넸다. 내가 나를 아끼지 않으면 그 누구도 나를 아끼지 않듯, 내 글들을 무한한 사랑으로 응원하기로 했다. 이제 내 품을 곧 떠날 글들에게 하염없는 사랑을 보낸다.

고마웠고,
많이 애정했으며,

다정한 응원이 되어,
큰 아낌을 받기를 바라며.

내가 나를 잃지 않도록

3

 호불호가 있는 편인데도, 그것을 표현하지 못했다. 남들도 나처럼 싫어할지 혹은 좋아할지 고민하느라 내 생각을 말하지 않고 지냈었다. 뭐든 적당히 다 좋다고 넘기는 게 내 특기였다. 그러다 보니 정작 진짜 내가 좋아하는 것이 무엇인지 모호해졌다.

 좋아하는 것을 남의 눈치를 보고 정하고, 싫어하는 것도 타인의 시선에 맞춰 정한다는 게 너무 이상했다. 이렇게나 내가 타인을 신경 써야 할 이유가 무엇인지 싶었다. 내 호불호에 대해서 뭐라 간섭하고 따질 사람은 전혀 없는데, 그것에 연연하고 있던 것은 온전히 나였다.

작은 것부터 하나씩 내가 정말로 좋아하는 것으로만 선택하는 연습을 했다. 타인은 어떻게 볼지 생각하지 않으려 노력했다. 혹시나 안 좋은 평가를 듣게 될까 봐 주저하지도 않았다. 내가 입을 옷을 사는 일부터 차근차근 나의 의사에 집중해서 선택하는 일을 늘려나갔다. 그동안 내가 너무 많이 남을 고려하고 있었다는 사실이 느껴졌다. 좋아하는 게 없는 게 아니라, 좋아하는 걸 잊었을 뿐이었다.

튀지 않는 것, 무난한 것을 최대한으로 고려하며 지냈었다. 그러다 보니 나만의 색은 사라져 버렸다. 조금씩 더 나다움을 찾아가고 있다. 좋아하는 것에 더 많은 시간을 할애하고, 싫어하는 것은 피해가며 더 효율적으로 살아감을 택했다. 타인의 시선에 연연하다가, 나를 잃지 않도록.

자신만의 몫

3

"사람들이 좋아하는 입맛에 맞춰서 글 쓰는 거 힘들다."
 동료작가와 오랜만에 서점에 갔을 때 그녀가 꺼낸 말이었다. 사실 나는 그녀의 말을 듣고 조금 놀랐다. 입맛에 맞춰서 글을 쓴다는 표현이 생소했다. 작가에게 자신의 생각과 이야기를 얼마나 잘 표현하느냐가 중요한 게 아닌가 싶었다.

 그녀는 쓰고 싶은 이야기가 있고, 해보고 싶은 책의 컨셉이 있어도 일단 다음으로 미뤄 놓는다고 한다. 잘 팔리는 책들이 가진 공통적인 것들을 찾아서 비슷하게 쓰려고 노력한다고 했다. 이상하게 아무리 노력해도 전작들이 잘 안 팔린다고 고민하고 있었다. 그녀가 새로 낼 책도 그녀의 지난 책들처럼 예쁘고 아기자기한 삽화를 많이 넣을 예정이고, 이왕이면 짧고 간결하게 글을 배치할 거라고 그랬다. 무거운 주제들은 다 삭제하고, 편안한 이야기들만 넣을 것 같다며 한숨을 쉬었다.

"그냥, 네가 쓰고 싶은 거 써. 에디터님이랑 상의해보고 집필 방향을 바꿔. 쓰기 싫은 글 쓰는 거 너도 힘들 거 아냐. 너다운 글을 써. 네 책을 읽은 독자분들은 진짜 네 글이 보고 싶은 거야."

책의 원고를 쓸 때도, 살아갈 때도 늘 두 가지의 갈림길에 서게 된다. 다수가 가는 인기 많은 길과 내가 가보고 싶은 길을 앞에 두고 고민하는 경우가 많다. 나는 두 가지 길을 전부 다 가봤다. 다수가 가는 인기 많은 길을 걸어갔다가 되돌아 나왔었다. 앞으로 향하는 게 걸어감의 목적이라면, 굳이 내가 행복하지 않은 길을 걷고 싶지 않았다. 그리고 지금 내가 가보고 싶은 길을 걷고 있다. 예견한 것처럼 쉽지 않았다. 그러나 힘든 만큼 행복함이 더 컸다.

그 길에서 달려가는 일이 너무 즐거워서, 오히려 다른 길을 선택한 사람들보다 더 빠른 속도로 나아갈 수 있었다.

굳이 정답은 없지만, 무조건 다수가 가는 길만 따라가지 않아도 된다. 남이 정해놓은 방향이 다 맞는 것은 아니다. 어느 선택지든지 변수는 존재하고 뜻하지 않은 행운도 숨어 있다. 그 모든 것을 책임지고 선택하는 것은 그 누구도 아닌 자신의 몫이다. 오롯이 혼자 끌고 나가야 할 당신의 삶에서.

순풍

順風 [순ː풍]
배가 가는 쪽으로 부는 바람.
또는 바람이 부는 쪽으로 배가 감.

∞

 학교에서는 무조건 인생이 아름답다고만 알려줬었다. 착하게 살면 복을 받고, 남에게 양보하면 그만큼의 좋은 일이 일어난다고. 그 말을 철석같이 믿었었는데, 현실의 모양은 달랐다.

 인생은 아름다움만 있을 수 없고, 척박함만 있지도 않다. 세상은 파도가 일렁이듯 수없이 얼굴을 바꿨다. 그럴 때면 파도 위에서 힘없이 떠 있는 돛단배 같았다. 세상의 모양에 따라 물에 가라앉기도 하고, 순풍을 타고 나아가기도 했다.

나는 어리석게도 삶이 잘 풀릴 때만 나를 기특하게 생각했었다. 잘한다고 칭찬도 잘해주고, 내가 그렇게 좋을 수 없었다. 그러다가 한 번씩 사는 게 팍팍해지면 나 자신이 그렇게 미울 수 없었다. 내가 나를 구박했고 사소한 것까지 간섭했다. 막상 지나 보니 삶이 잘 안 풀린다는 게 꼭 내 탓만은 아니었는데, 쥐잡듯이 나를 잡았다.

너무 강한 파도가 치는 폭풍우 속에서는 배가 뒤집히기 마련이다. 그 상황을 두고 뒤집힌 배 탓만을 할 수는 없다. 날씨가 너무 모질었고, 바람이 과하게 불었고, 파도가 거칠었다며 다른 것을 탓해도 된다. 너무 자신을 닦달하지 않았으면 좋겠다. 지금은 구름에 가려졌어도 곧 해가 뜰 테니.

행복 찾아내기

3

 최근 들어서 매일 조금씩 내 노트에 적어보는 것이라면 삶에서 감사한 일들이다. 인지하지 않고 살아가다 보면 금방 희석되는 것이 소소한 일상의 감사한 일들이다. 금방 잊어버리게 될까 봐 기록해두는 습관을 들이고 있다. 이 글을 쓰고 있는 오늘 하루도 돌이켜보면 나에게는 꽤 여러 개의 고마운 일들이 일어났다. 체력이 약해지면 단골처럼 나타나는 편도선염이 양쪽으로 심해지기 전에 미리 치료할 수 있었고, 남편이 사다 준 마카롱이 너무 맛있었고, 지간염이 시작되려고 했던 반려견 크림이의 피부 상태가 호전되었다.

이상하게 좋은 일은 무던하게 넘어가게 되어서, 애써 찾아내지 않으면 보통의 일로 치부되어버린다. 내가 얼마나 행복한 사람인지 나에게 알려주고 싶다. 자기연민만큼 속상하고 힘든 일이 없다. 내가 오래도록 행복하고 당당한 사람이었으면 싶다. 미처 깜빡하고 넘어갈 사소한 감사함까지 끌어모아다가 나에게 보여준다. 이렇게나 감사할 일이 많은 나는 참 행복한 사람이라고 알려준다.

그렇게 고마움 몇 가지를 꼭 쥐고 누운 밤은 참 포근하다. 오늘도 따뜻했구나 싶어서. 내일도 또 행복해져야지 포근한 기대를 할 수 있어서.

'나'

∞

 내 인생에서 '나'로 잘 살아가고 있는지 돌아본다. 나는 다른 무엇이 아닌 내가 되어야 함을 은연중에 잊지 않기 위함이다. 내 삶을 영위하고 주도적으로 살아가는 일이 가장 중요하다는 걸 한 번 더 생각한다. 내 앞에 붙어있는 수식어들을 잠시 치워두고 온전한 '나'를 바라본다. 담대하게 걸음을 옮길 나에게 온전한 용기를 전하면서.

느리지만,

끝까지.

∞

 각자 짊어져야 할 어느 정도의 짐은 모두가 갖고 있다. 적당량의 책임감, 이뤄내지 못한 꿈에 대한 미련, 다른 선택을 했더라면 좋았을 거라는 후회 같은 것들 말이다. 누가 더 무겁고 가볍다는 것을 굳이 잴 필요도 없고, 측정할 방법도 없다. 그래도 분명한 건 내가 짊어지고 있는 게 가장 무겁게 느껴진다는 사실이다. 남이 책임지고 있는 짐의 무게를 생각하지 못하는 까닭은 이기적이라서가 아니라, 내 어깨에 짊어지고 있는 게 고되기 때문이다.

 세상에서 내가 가장 불쌍한 사람이라고 생각했던 적이 있었다. 모자란 부분이 너무 많고, 딱히 특별하게 잘하는 것은 없는 것 같고, 애매하게 갖고 있는 재능이 오히려 내 발목을 잡는 것만 같았다. 내가 갖고 있었던 짐은 지금 생각해보면 그다지 커다란 양은 아니었다. 아주 작은 책임감과 내 부족함에 대한 서글픔, 목표했던 일을 하지 못한 것에 대한 원망이 전부였다. 미래를 걱정하고 있는 청춘이라면 누구나 마음속에 있을 응어리들인데, 나는 나약함으로 차 있었던 탓에, 나만 힘들다고 생각했고 자신에 대한 연민만이 가득했었다.

적어도 스스로 불쌍하게 여겨서는 안 됐었다. 제법 잘하고 있다며 기특하게 여겨주는 게 필요했다. 내가 형편없는 사람인 것 같다며 자책을 시작하면 끝이 없었다. 어떤 날은 독서실에서 종일 불안함과 싸우다가 결국은 아무것도 하지 못하고, 아무것도 하지 못한 나를 미워하는 밤을 보내다 잠자리에 들어야 했다. 남의 시선이나 평가보다 더 빠른 속도로 나를 좀먹는 것은, 내가 나에게 보내는 부정적인 시선이었다. '이것밖에'라는 네 글자가 만들어내는 파장은 엄청났다. 자신을 형편없는 사람으로 낙인찍어버리는 순간, 정말로 나는 형편없는 사람이 되어버린 것 같았다.

또래 친구들이 취업할 때, 나는 여전히 학생이었다. 늦게 학교를 입학한 탓이었는데, 그것 또한 내 부족함의 결과라서 내가 너무 싫었었다. 그렇게 나의 20대의 초반과 중반은 후회로 하루를 얼룩지게 만드는 게 특기가 된 사람으로 살아가게 되었다. 자기소개서를 써야 할 일이 있을 때면, 정작 내가 나에 대해서 아는 게 없었다. 특기나 장단점을 쓰라고 하는데, 내가 아는 것은 내 단점이 전부였다. 단점만 있는 사람은 존재하지 않을 거라는 생각이 들었다. 나도 분명히 장점 몇 가지쯤은 갖고 있을 것이라고 믿고 싶었다.

자기소개서에 쓰는 용도의 장점이 아니라, 진짜 나만의 장점을 찾기로 마음먹었다. 나를 가까이에서 오래 봐온 사람들에게 물어보기로 했다. 부모님, 동생, 오랜 친구들에게 물어봤었다. 그들의 입을 통해서 들은 나란 사람의 장점은 꽤 다양했다. 나는 별것 아니라고 생각했던 것들이나, 그다지 쓸모없다고 여겼던 것들이 나의 장점이나 내 특기가 될 수도 있을 것 같았다. 내 모습을 한동안 꽤 세심하게 관찰했었다. 어떻게 생활하는지, 무엇을 괜찮게 하는지, 어떤 것에 흥미가 있는지, 태도는 어떠한지 전부 세세하게 바라보았다. 대단한 장점이 아니더라도 나에 대한 장점은 분명히 있었다. 그제야 알 것 같았다. 나는 불쌍한 사람이 아니라는 것을.

자기연민만큼 무서운 게 없다. 불쌍하다 여기면 끝도 없었고, 점차 자신이 싫어지고야 만다. 그런 나를 변화시킨 것은 나에게도 존재하는 꽤 괜찮은 점들을 찾아내면서부터 였다. 나는 무엇을 시작할 때, 처음부터 남들보다 뛰어나게 해냈던 것은 별로 없다. 공부도 그랬고, 글 쓰는 것도 그랬고, 모든 것에 남들보다 몇 배의 노력이 필요하다. 그게 늘 나의 불만이었고 아쉬움이었는데, 달리 바라보면 잘하게 될 때까지 포기하지 않는 게 더 대단한 일이었다. 사실 놓아버리는 게 제일 쉬운 일이다. 어떤 핑계라도 만들어서 그만두면 그만이다. 멈춤의 핑계로 댈 수 있는 게 수십 개가 있어도, 나는 끝까지 했었다. 능숙해질 때까지, 내가 만족할 때까지 노력을 멈추지 않았다. 처음부터 잘하지는 않았지만, 시간이 지나면 제법 상위권에 자리하고 있었다.

나의 장점은 느리지만, 끝까지 간다는 것이다. 느리다는 것에만 초점을 맞춰서 스스로를 작아 보이게 하지 않는다. 조금 부족한 점이 있다고 해서 내가 불쌍하다던가 안쓰럽다고 생각하지 않는다. 나만이 가진 장점에 더 집중한다. 모든 것을 다 잘할 수 없어도, 괜찮은 '나'이다. 부족함이 있어도 꽤 자랑스러운 '나'라는 걸 잊지 않고 살아간다.

조금 부족한 점이 있다고 해서,
스스로를 작아 보이게 하지 않는다.
모든 것을 다 잘할 수 없어도,
나만이 가진 장점에 더 집중한다.
괜찮은 '나'이다.
부족함이 있어도 꽤 자랑스러운 '나'이다.

그래도,

나답게.

3

 시간은 정말로 착실하게 흐른다. 조금이라도 게을러지거나 흐름의 속도를 늦추지 않는다. 나의 세상이 무너질 것 같을 때도, 반대로 너무 행복한 순간이라서 시간이 멈췄으면 하는 순간에도 멈추지 않고 시간은 자신의 방향대로 흘러간다. 쉬지 않고 움직이는 게 시간인데, 그 움직임의 속도를 체감하는 상황은 아이러니하게 정말 가끔일 뿐이다. 문득 만져본 엄마의 손이 꽤 주름져 있다거나, 어느 날 아빠의 눈가 주름이 새삼 깊어 보일 때 시간이 벌써 이만큼이나 지나버렸구나 싶어진다.

지금으로부터 10년쯤 지나면 나는 어떤 모습일까 상상하곤 한다. 40대의 어느 즈음을 살아가고 있을 나는 어떤 것을 좋아하고, 무슨 음악을 즐겨 듣고, 그때 즐겨 먹는 음식은 무엇이고, 지금의 나보다 얼마나 더 행복해져 있을지 생각한다. 시간의 물결을 역행할 수 없다는 것은 잘 안다. 그렇기에 지나간 시간은 흘러간 대로 담대하게 놔둘 줄도 알고, 물결의 방향을 따라서 원하는 방향으로만 계속 노를 저어가는 법도 안다. 그 물결을 타고 몇 년이 지난 후에도 나는 여전히 나다운 사람일지 그려본다.

나이 들어감이 기대되면서도 무섭기도 하다. 내가 너무 다른 사람으로 변하지는 않을지, 바라는 것처럼 괜찮은 어른이 될 수 있을지, 불안함을 섞은 의문에 확실한 답을 내릴 수 있는 것은 몇 없다. 90세가 넘은 외할머니가 말씀해주신 것처럼 인생은 눈 깜짝할 사이에 흘러가는 것이라고 그랬다. 너무 빨라서 정작 자신을 돌보지 못하고 가버린 시간을 후회하게 됐다는 말이 귓전에 맴돌았다. 나는 생이 선사하는 길고도 짧은 시간을 어떻게 살아가고 싶은지 나 자신에게 물었다.

시간이 지나면 외모도 변할 것이고, 생각의 방향도 다양해질 것이고, 지금보다는 다른 내가 되어있을지도 모른다. 지금과는 달라도 그래도 나답게 살아가고 싶다. 예측할 수 없고, 그래서 쉽게 대응할 수 없는 삶의 유동적인 변화들을 이왕이면 영민하고 유연하게 넘기길 바랄 뿐이다.

언제나 나다운 모습으로 살아가고 싶다. 먼저 걱정하지 않고, 기대는 크게 품고, 현재에 충실하면서.

나답게 살아갈 앞으로의 날들에, 두근거리는 나의 다음 걸음을 옮겨본다.

그래도, 나답게
오늘도 걸어본다.

그래도 나답게

초판 1쇄 발행 2021년 06월 22일
초판 3쇄 발행 2021년 07월 22일

지은이 | 김유은 (@oeouoo)

펴낸이 | 박우성
펴낸곳 | 좋은북스
인쇄 | 책과6펜스
출판등록 | 2019년 01월 03일 제2019-000003호
주소 | 경기도 파주시 미래로 562, 701호
전자우편 | goodbooks_@naver.com
팩스 | 050-4327-0136
전화 | 031-939-2384

ISBN   979-11-90764-13-1   03810

· 이 책의 판권은 지은이와 좋은북스에 있습니다.
· 책 내용의 전부 또는 일부를 이용하려면 반드시 좋은북스의 동의를 받아야 합니다.